COLECCIÓN
Centinela

JESSICA TATE

EL PODER FEMENINO

Plutón
Ediciones

© Plutón Ediciones X, s. l., 2025

Diseño de cubierta y maquetación: Saul Rojas Blonval

Edita: Plutón Ediciones X, s. l.,

           E-mail: contacto@plutonediciones.com
           http://www.plutonediciones.com

I.S.B.N: 979-13-87692-31-5
Depósito Legal: B-8513-2025

Impreso en España / Printed in Spain

Prólogo:
La construcción
social de la identidad

No importa cuánto
te engañen, te engañes
o pretendas engañar
a los demás,
en el fondo sabes
perfectamente quién eres.
ZARATUSTRA

Es para mí un placer prologar un libro de Jessica Tate, sobre todo si se trata de un homenaje a todas las mujeres que son, serán y han sido en este planeta, y que representan hoy en día el 51% de la humanidad.

Jessica tiene la habilidad de desvelarme ideas y conceptos que no conocía, o que tenía velados bajo el manto del prejuicio aprendido desde mi más tierna infancia de varón, engreído solo por serlo, como si fuera mérito mío, y no de la sociedad que me rodeaba y me rodea.

"Casi todas las mujeres son sociólogas por naturaleza", decía doña Eloísa, mi abuela, incluso las que no han ido ni a la universidad ni a la escuela, porque durante los últimos doce mil años, más o menos, han aprendido a serlo para mantenerse con bien y con vida a ellas, tanto como a sus hijos y, con ellos, a la presencia y supervivencia de la humanidad entera.

Sin ellas y su capacidad de adaptación a las sociedades y al medio ambiente, no hubiéramos sobrevivido. Nosotros casi nunca sabemos quiénes somos, y ellas ya lo sabían desde un principio.

Gracias, poder femenino, gracias, Jessica.

Por otra parte, y desde el punto de vista de la Sociología, la sociedad que nos envuelve desde nuestro nacimiento, construye la identidad de los individuos, de los animales, de los fenómenos y de las cosas, nomina y denomina, es decir, nombra, señala y da nombres con valores y características adosados de manera arbitraria.

En otras palabras, somos lo que nos enseñan que somos, y somos lo que los demás ven en nosotros: una suma de diferentes construcciones sociales.

Simone de Beauvoir, muy criticada en su tiempo por una supuesta falta de método y de citación, más no por su contenido irrefutable, nos dice en su libro, *El segundo sexo*, que las mujeres no existen como tales, sino que son una construcción social, algo que nos hemos inventado a lo largo de los milenios y que no siempre ha significado lo mismo.

Existen real y palpablemente las hembras, los machos y las personas, aunque muy pocas, que nacen con ambos sexos, por una cuestión básica biológica, que en realidad tiene muy poco que ver con las construcciones sociales de mujer, hombre y andrógino.

Sí, los hombres también somos una construcción social identitaria, y no siempre la superior ni la más halagüeña, pero también con una base biológica que la sustenta en un principio.

De hecho, todos los mamíferos siguen este proceso biológico de identificación, de la misma manera que todos ellos son seres sexuados desde el nacimiento hasta la muerte, como medio de reproducción y de comportamiento, sin importar cómo lo practiquen, por lo que no hay nada que sea homosexualidad ni heterosexualidad, sino simplemente sexo, al que entre los humanos se le han dado categorías y características construidas socialmente apartándose a menudo de la base biológica que las fundamenta.

El alma es una idea platónica esotérica, no una verdad incontestable, por lo que nadie tiene alma de hombre, de mujer o de andrógino, sino una forma de imitar el comportamiento de otros.

Nada de lo humano es original, diría el filósofo de Vico, o en lo humano hay mucho de inconsciente colectivo que reproducimos en cada cultura de una forma particular, diría el afamado psicólogo Carl Jung; tanto porque el ser humano ha imitado a los animales desde hace millones de años, y ha respondido a sus necesidades más elementales antes de avocarse a construcciones sociales restrictivas, como porque ha creado grupos humanos extensos y sedentarios a los que llamamos civilizaciones.

Pasar de vivir en cuevas o a cielo abierto encaramados en los árboles, a hacerlo en grandes urbes amuralladas y suntuosas construcciones en muy poco tiempo, cambió el rumbo de la humanidad para siempre, y con las mujeres en un lugar muy destacado, que la misma civilización se encargó de desbancar al asumir el patriarcado como forma de poder, jerarquía y gobierno.

Sin embargo y a pesar de las civilizaciones, las personas siguen poniendo por delante sus impulsos biológicos, fisiológicos y hormonales, antes que ninguna otra consideración, por mucho que a estos impulsos biológicos los llamen "pecados" o "malos comportamientos sociales": sí, las personas prefieren comer, beber, dormir y tener sexo, antes que cualquier otra cosa, y así lo hacen sin importar las reprimendas o las restricciones sociales, legales o religiosas, e incluso los peligros y las consecuencias de seguir su naturaleza.

De vivir a cielo abierto, a vivir en la ciudad

Durante miles de años se ha querido restringir, reprimir y hasta anular del todo el comportamiento biológico, fisiológico y animal de las personas, pero no se ha logrado para nada, solo que las personas finjan, mientan y se sientan culpables, temiendo sufrir un castigo por su comportamiento si las descubren, e incluso pueden sufrir una que otra enfermedad psicológica ante la disonancia cognitiva entre lo que les apetece hacer y lo que supuestamente y como buenas y sanas personas deben hacer, pero nada más.

Pecar o faltar a las normas sociales puede tener consecuencias para la persona trasgresora, pero eso nunca ha impedido que se cometan las trasgresiones, las cuales, además, suelen ser más excitantes y gozosas mientras más se prohíban.

Lo curioso es que en un momento dado de la historia se cargó la culpa del mal comportamiento a las mujeres, como si fueran ellas las que siempre incitaran al pobre y débil hombre a hacer el mal.

Hoy en día hay culturas en el mundo que aún lo creen así, y castigan a las mujeres por el supuesto mal comportamiento de los hombres, incluso en los más atroces casos de violación, maltrato físico o hasta asesinato, porque consideran social y religiosamente que la culpa es de ella.

La mujer como fuente de pecado

¿A quién echarle la culpa de esta tendencia al delicioso y terrible pecado?

Pues al rival más débil física y muscularmente hablando, la hembra, y así empezar a construirla socialmente como tentación sexual y pecadora contumaz, envidiosa, lenguaraz, maliciosa, pérfida, pervertida, provocadora y astuta, traicionera y venenosa como las peores serpientes.

Las diferencias biológicas eran obvias en los genitales y en las mamas, en la capacidad de dar fruto (hijos) y en la menstruación, y poco más, por lo que los machos no usurpaban la identidad salvaje de las hembras, ni las hembras la identidad salvaje de los machos.

El macho era más fuerte y ágil, violento y decidido, más peludo y con genitales externos, sin menstruos e incapaz de reproducir la vida por sí mismo.

La naturaleza de los animales era parecida, y los comportamientos biológicos y sociales bien diferenciados.

Las diferencias morfológicas eran claras

Los rituales de apareamiento también lo eran, así como los papeles de maternidad y paternidad, aunque las aves eran mucho más refinadas que los mamíferos.

Las hembras eran más resistentes y capaces para la caza y la recolección, tan proveedoras como los machos, pero un poco menos beligerantes, pero durante cientos de miles de años a nadie se le había ocurrido que esas diferencias tuvieran nombre y sirvieran para señalar a las hembras como fuente de todos los males.

Para algunos estudiosos todo comenzó con el crecimiento de los grupos humanos, con las tribus de demasiados individuos, donde había que racionalizar tanto los alimentos como las relaciones entre el grupo.

La solidaridad no es privativa de los humanos, los canes y los monos la han practicado siempre, cuidando de los infantes y de los ancianos, de los viejos y de los enfermos, así que no es nada extraño que la practicaran machos y hembras, pero dos factores, también hartos animales, los celos y la competencia, obligaron a los más débiles a desarrollar la astucia para sobrevivir en tiempos de crisis.

Marvin Harris apunta más hacia las sociedades casi sedentarias, con una agricultura de paso y de temporada, además del número de participantes en un grupo, para que las diferencias biológicas fueran tomando un cauce más social con papeles y roles un poco más determinados, con los machos más libres, incluso en la eterna trashumancia y nomadismo, que poco a poco fueron quedándose más tiempo en ciertas áreas geográficas.

La capacidad de reproducción de las hembras y el deseo de los machos de mantener su linaje a través de ellas, como sucede con los leones, más allá de la selectividad natural fueron apartando a las hembras de ciertas tareas, como sucede con otros grupos de homínidos, y dándoles otras, ni mejores ni peores, simplemente otras dentro del orden social primitivo.

Los seres humanos ya éramos gregarios y sociales hace más de tres millones de años y medio, y lo seguimos siendo, pero no fue hasta el sedentarismo y las primeras civilizaciones, y, muy probablemente, después de diversos matriarcados (negados muchas veces por las ciencias sociales), que la mujer comenzó a ser "la mala de la película" en las más diversas culturas, aunque no en todas, como reflejan muchos mitos de la prehistoria humana.

Nacer mujer, con los órganos sexuales invertidos que sangrarían podredumbre en la adolescencia, según los médicos semitas y griegos, ya era una mala señal que había que vigilar, reprimir y castigar desde un principio, con lo que algunas civilizaciones como la babilónica o la chipriota, que no reprimían a sus mujeres ni las tenían como agentes del mal, fueron consideradas diabólicas por el resto de Occidente y de Medio Oriente.

La India no se salva, China un poco, por su diversidad, y Japón tampoco, con lo que Oriente no queda muy bien parado en temas de igualdad social entre los géneros.

Sabemos muy poco del pasado de la humanidad, pues casi todo es una especulación vista con los ojos de la modernidad, pero queda patente desde hace unos cinco mil años a la fecha, que a las mujeres se les ha cargado el muerto de todos los males de la humanidad.

En el mundo prehispánico y en las regiones más lejanas y olvidadas, el papel de la mujer no era el mejor del mundo, pero sí había mayor igualdad, sobre todo entre el pueblo llano.

Sí, en este mundo jerárquico y elitista, las mujeres de menor extracto social muchas veces han sido más libres que las de las clases medias, con unas pocas muy libres, ricas y poderosas de las clases más altas y gobernantes. No solo es cuestión de género, la pobreza y el entorno social también influyen en las desigualdades.

Los Imperios no salen muy bien parados en este aspecto, ni el Maya ni el Azteca ni el Romano, mientras que pueblos menos imperialistas, como el Apache o el Celta, la igualdad es notable, con mujeres asumiendo todo tipo de cargos y de roles, sin ser señaladas como engendros del mal.

Hay antropólogos que insinúan que la famosa menstruación, cerca de 500 a lo largo de la vida de una mujer y muy rara en otras especies, puede haber sido la causa de dicho señalamiento, con la sangre como símbolo del mal, que desaparecía mágicamente en las mujeres embarazadas, y en muchos casos no volvía a aparecer hasta que dejaban de amamantar a sus cachorros, con lo que ser madre o estar embarazada alejaba el mal y le daba a la mujer un sentido de autoridad casi divina.

La magia del parto en la antigüedad

Para Engels esto tiene sentido debido a la gens maternal, o en matriarcados no jerárquicos ni invasores de otros pueblos, sino a partir de los lazos familiares con una madre o abuela común, como fue el caso de los Iroqueses y los Lapones, con federaciones indígenas ligadas por los pactos comunes, donde hombres y mujeres tenían voz y voto para organizarse, defenderse, producir y prosperar, algo que los invasores europeos nunca llegaron a comprender, y que muchos americanos modernos tampoco logran entenderlo.

La mujer no es el mal con cuernos y rabo que las religiones semíticas y judeocristianas pretenden, ni el mueble griego de los atildados atenienses, que las consideraban un mal necesario para la reproducción, y poco más, pero ha cargado con el sambenito durante miles de años, y mucho más en tiempos que llamamos modernos, pues en la Edad Media no sufrieron tal acoso, pero en el Renacimiento y hasta hace apenas un siglo se ha sido del todo injusto con ellas, sobre todo en las civilizaciones occidentales más avanzadas, pasándole el testigo de abuso a las regiones de Oriente Medio.

Todo esto lo escribo solo para puntualizar unos aspectos sobre el estado de las cosas entre géneros en nuestros días, donde muchas mujeres mantienen una lucha de progreso que a veces es polémica o demasiado similar a las experiencias masculinas, siendo más devoradas que liberadas por el sistema.

Jessica propone un rescate de todas ellas, desde las más famosas a las más desconocidas, haciendo un repaso por la historia, las artes, las ciencias, las tecnologías, la sexualidad y la vida diaria, desde un punto de vista diferente, al menos diferente a lo que yo tenía entendido hasta haber leído el presente libro, y enfocándose en lo positivo, sin despreciar al hombre ni a lo masculino, sino simplemente superándolo sin necesidad de conflictos, comparaciones ni competencias desleales entre géneros, a los que tan acostumbrados nos tienen los medios de comunicación, y no pocas obras literarias.

Los dejo por tanto en sus letras.

DR. JAVIER TAPIA RODRÍGUEZ

Introducción:
Más allá de la biología, el poder femenino

Hasta entre las termitas
y las hormigas,
hay individuos rebeldes,
pensantes y diferentes.

Como siempre, agradezco a Plutón Ediciones que me permita expresarme públicamente a través de un libro como el presente, que no es otra cosa que un homenaje a todas y cada una de las mujeres que en el mundo han sido, desde las más importantes, publicitadas y famosas, hasta las más humildes y sencillas, porque en todas ellas brilla la luz del poder femenino, y gracias a ellas la humanidad ha pervivido durante cientos de miles de años, y por ellas podemos avistar la llegada de un futuro más pleno y halagüeño.

Por mi parte no hay ni una pizca de desprecio a los hombres, por el bien que le han hecho al mundo, pero sí una firme crítica por el mal que han producido tanto a sí mismos como a los demás habitantes del planeta en temas como el gobierno, la industria, la economía, lo religioso, las diferencias sociales y, sobre todo, los actos de crueldad, abuso, vejación y tortura sobre los más débiles, y, sobre todas las cosas, la horrible y terrible guerra.

¿Desde cuándo nos matamos unos a otros?

Hay cosas que no comprendo de este mundo, y creo que me iré de él sin comprenderlas, pero eso no me impedirá seguir buscando entenderlas y, si me es posible, mejorarlas, aunque yo nunca vaya a gozar de dicha mejora, si es que la hay en realidad y no son solo utopías positivistas que de vez en cuando me desvelan.

Quizá soy una soñadora de esas que piensan que incluso la naturaleza puede cambiar para mejor, no ser tan cruda ni tan cruel con algunas especies, y que la humanidad, como buena hembra que es, tiene la misión, la responsabilidad y hasta la obligación de propiciar los cambios positivos que nos ayuden a todos a llevar una existencia más digna y más plena.

Creo que castrar a los gatos y perros domésticos no es la manera más correcta de incidir en la naturaleza, aunque muchas de mis amigas y compañeras así lo crean, porque en realidad las y los castramos por nuestra comodidad y conveniencia, y no por su bien.

La hipocresía sobre la condición femenina, y humana, no tiene la menor vergüenza y señala a la propia naturaleza como fuente de infinitos males que se han de corregir; y aunque es obvio y patente que la hermosa naturaleza no es perfecta, que a veces se equivoca y que de un soplo puede deshacer lo que hizo con una o varias extinciones masivas, el corregirla por pura conveniencia humana es una barbaridad insoslayable hecha por personas que dicen protegerla sobre sus camionetas cuatro por cuatro contaminantes, y en sus casas invasivas y destructoras de esa naturaleza que juran proteger y preservar, mejorándola día a día, cuando es obvio que todo es una pose de empatía y de naturalismo cuasi vegano, con el verdadero afán de prostituir a la biología.

Y sí, hay muchas cosas más allá de la biología y de la naturaleza, pues la humanidad tiene el poder y la tecnología para cambiar muchas cosas, operando y realizando cirugías, o superponiendo las ideas religiosas y morales sobre las funciones básicas y fisiológicas de los animales y de los seres humanos.

Muchas cosas se hacen para bien, sin duda alguna, pero muchas otras se hacen solo porque se puede, por vanidad, por necedad o incluso por malestar mental, sin importar si son las mujeres o los hombres quiénes las perpetran. El poder nos ha vuelto un poco, o un mucho, gente con sus facultades mentales enrarecidas, incapaces de actuar, ya no con verdadera humanidad, sino con la más simple y elemental cordura.

Todos los seres humanos son complejos, pero a pesar de su complejidad son manipulables a través

de las ideas o de las emociones. Nadie está a salvo
de las doctrinas y enseñanzas familiares, educati-
vas y sociales, y no hay duda de que las mujeres
somos más despiertas ante ellas, y a menudo sabemos utilizarlas en nuestro favor sin que la maldad o
la malicia formen necesariamente parte de nuestro
comportamiento, entre otras cosas, porque nuestro ethos femenino es tan natural como aprendido,
y tan salvaje como civilizado y moderno.

La eterna complejidad del ser humano

ENTONCES, ¿DE QUÉ TRATA EL LIBRO?

Entre otras cosas, de que las mujeres no siempre hemos sido públicas, como los hombres, pero
tampoco hemos estado recluidas siempre, como
las monjas de clausura, ha habido épocas peores,
como veremos más adelante, y culturas, como la
de los judíos ortodoxos, donde le hombre necesita
a la mujer, pero para mantenerla sometida y encerrada casi siempre con el pretexto de que ella se
conecta con Yahvé directamente, lo que hace pare-

I
EL PODER FEMENINO
EN LA PREHISTORIA

No estuvimos ahí
para verlo ni para sentirlo,
y sin embargo sí
podemos intuirlo, imaginarlo
y recrearlo.
SUETONIO

La educación y la formación de las mujeres en la prehistoria duró unos cuantos cientos de miles de años, casi nada, y durante ese periodo que culmina con el sedentarismo en diversas culturas, el poder femenino contribuyó de manera significativa, tanto en la construcción de lo que conocemos como familias, tribus y demás grupos de seres humanos, como en su salud, su progreso y el desarrollo de técnicas y tecnologías aplicadas a la vida diaria.

Las mujeres de la prehistoria tenían un amplio conocimiento de hierbas y de hongos, tanto para la alimentación cotidiana como para la sanación, e incluso para el divertimento y la experimentación mística.

De manera empírica y poniendo en riesgo su propia salud y su vida, las mujeres experimentaban con las más diversas plantas de su entorno, como lo hacían las hembras de otros animales, y fueron transmitiendo de madres a hijas dichos conocimientos.

Masticar una hoja de menta no es lo mismo que masticar una hoja de ortiga, y mucho menos si se trata de una hoja de beleño o mandrágora.

Con unas hierbas, como el hipericón, sanaban los dolores de cabeza, y con otras, como la manzanilla, mejoraban la digestión.

El romero les servía para desinflamar el cuerpo y las heridas, y el ajo y la cebolla para curar las infecciones producidas por dichas heridas.

Descubrieron que hay hongos que alimentan, otros que disminuyen los dolores, y algunos más que cambian la visión de la realidad.

Dejando madurar algunas semillas, como la malta o el trigo, descubrieron las alegrías del alcohol, lo mismo que masticando y regurgitando la palma y el coco, consiguiendo con el tiempo producir licores y cerveza que tranquilizaban el ánimo o animaban al corazón.

Desde antes de dominar el fuego, que nadie sabe exactamente cómo, por qué o cuándo se hizo prácticamente en todo el mundo, las mujeres ya fermentaban algunos alimentos y maduraban las carnes para suavizar su ingesta y hacer más ligera la digestión.

El arte de cocinar es eminentemente femenino incluso antes de que apareciera el fuego en nuestras vidas, y las mujeres lo expandieron dentro y fuera de sus grupos familiares o tribales, con lo que la comunidad entera aprendió a elaborar los alimentos, incluidas las carnes y los frutos, y a preservarlos con hierbas o con sal.

En aquel entonces no había más diferencia entre géneros que los genitales, el tamaño y el vello corporal, más abundante en los machos, por lo que compartir los conocimientos era de lo más normal y elemental.

Las mujeres, además de ser más intuitivas y creativas, quizá por una simple cuestión hormonal que las hace un poco más receptivas, pasivas y menos violentas e irreflexivas que los hombres, también participaban en la caza, la pesca y la recolección más arriesgada, como la de conseguir miel o brebaje de la cima de las palmeras.

No estaban recluidas en las cavernas ni apartadas en los montes, eran miembros activos de sus grupos en todos los sentidos.

La maternidad, aunque poco a poco fue considerándose mágica, en un principio no era obstáculo alguno para que las hembras hicieran todo tipo de trabajos, parían y cargaban con sus cachorros durante un año entero, cuando el infante empezaba a caminar, sin el mayor problema, y se había que viajar, se viajaba, o si había que subirse a un árbol para coger frutos, se subía.

No contaban con seguro de maternidad ni con días de descanso por su estado, si acaso con unas horas de descanso y nada más. Durante cientos de miles de años, parir no era un drama, sino algo natural o incluso un acto de magia.

Personalmente, en mi infancia vi cómo una mujer apache paría a su hijo en un cubo de madera, arrancaba el cordón umbilical, le hacía un nudo, limpiaba al bebé de la placenta, se lo echaba en el rebozo a la espalda, y continuaba con sus labores como si nada. Mi abuela no se sorprendió, lo había visto varias veces, pero mi madre sí quedó traumada, y con cierta envidia y admiración comentó algo poco respetuoso sobre los salvajes, pues ella, que se sentía un dechado de poder y de salud, lo había pasado bastante mal con dos o tres de sus ocho hijos, sobre todo con mi hermano Herman, el tercero.

Cuando parir no era un drama,
sino algo natural o incluso un acto de magia

Se escandalizó de ver la facilidad con la que el niño, con la madre puesta de cuclillas sobre el cubo y agarrada a una rama de árbol, salía de su cuerpo y se depositaba suavemente sobre el cubo, cuando ella había pasado las de Caín al parir a mi hermano Noé o a mi hermana María, con la que fue necesaria una cesárea, a pesar de contar con una limpia cama de hospital y una constante atención médica.

¿Cómo era posible parir tan fácil y prácticamente sin señales de dolor, sino con una sonrisa, y acto seguido y dos sorbos de agua, seguir con la recolección de maíz en el campo de mi abuela?

Cuando mi madre se lo preguntó a la recién parida, esta simplemente sonrió y la dejó con la duda.

LOS CONCEPTOS MÁGICOS

También nos quedamos con la duda de cuándo

aparecieron los primeros mitos, lares, divinidades y conceptos mágicos, que al menos de manera verbal nos separan de los animales y nos convierten en la entelequia de ser humanos.

¿Quién fue la primera persona visionaria o intuitiva? ¿Quiénes tuvieron las primeras premoniciones y visiones?

Soñar con fantasmas o con integrantes de la tribu fallecidos; ver un resplandor como una señal de fortuna o peligro; observar en el entorno, las estrellas o las vísceras de los animales algo más que lo físico y lo inmediato; interpretar, colegir, inventar, darle otro sentido tanto a los sueños como a las cosas cotidianas; presentir con alegría o temor el porvenir.

¿Cómo fue este proceso?

Para algunos no cabe la menor duda: las mujeres fueron las primeras en alucinar tras probar unas hierbas, un fermento o unos hongos, lo demás vino con el uso de esos hongos, hierbas o fermentos, es decir, con la experiencia repetida y la comprobación de sus efectos.

Luego se compartió con el resto del grupo, niños incluidos, para que todos disfrutaran o padecieran la experiencia.

Para otros, las drogas salen sobrando y señalan a las reacciones químicas del cerebro como las responsables de toda alucinación y "esoterismo" de las reacciones humanas ante el fenómeno de la conciencia alterada.

Pero, ¿la química produce los efectos o las alucinaciones hacen que reaccione el cerebro y que produzca las hormonas relacionadas con el hecho?

Una simple hiperventilación puede alterar la conciencia, como se hace en el yoga o en la meditación trascendental.

La dopamina produce euforia, de la misma manera que la euforia produce dopamina.

La serotonina produce relajamiento, de la misma manera que la meditación produce serotonina. Las endorfinas promueven la actividad y el ejercicio, de la misma manera que el ejercicio físico produce endorfinas.

La oxitocina es la hormona del amor y el sexo, de la misma manera que cuando ganamos o tenemos unas agradables relaciones sexuales producimos oxitocina.

Pintura rupestre con mujeres

Hoy les llamamos así, pero en la prehistoria era simplemente cosa de comer, dormir, tener relaciones sexuales y estar a gusto, nada más, y en eso las mujeres, mucho más hormonales, superaban a sus compañeros y sin siquiera pretender competir con ellos, por lo que poco a poco fueron ganando el mote de mágicas, al ser más despiertas, sexuales, alegres y animadas, y, por supuesto, astutas y visionarias.

EL OFICIO MÁS VIEJO DEL MUNDO

No, no es la prostitución ni la economía del sexo entre una persona receptiva, pero más sensual, resistente y duradera, y una persona activa, el macho, pero menos duradero y resistente, más expeditivo y mucho menos sensual, como se ha pensado patriarcalmente durante siglos, sino cosas tan sencillas como el hilado de fibras vegetales, arte aprendido de las aves, el hacer cuerdas y colgantes, el tejido y en las tribus semisedentarias, la alfarería, actividades más realizadas por mujeres que por hombres, aunque todos podían hacerlas.

La mujer no se quedaba corta en la lucha ni en la caza ni en la pesca, y si bien las presas pequeñas, por su peso y no por su ferocidad, se le daban mejor que las presas grandes, que se cazaban en grupos, sobre todo de hombres, pero sin faltar el apoyo de las mujeres.

Durkheim señala muy bien que la división del trabajo entre grupos, humanos o animales gregarios y sociales, es tan antigua como la vida misma, por lo que no es raro encontrarla en la prehistoria, donde algunas tareas eran mejor desarrolladas por los machos, y otras eran mucho mejor desarrolladas por las hembras, aunque ambos eran capaces de hacerlas.

La famosa alfarería, por ejemplo, es mucho más reciente que la fabricación de armas y herramientas, de agujas y de hilos, de tratamiento de las pieles animales y del arte de cocinar, sobre todo en las épocas más nómadas y de trashumancia, donde se cargaba con lo menos posible en los traslados.

25

La mujer en muchos casos es mejor cargadora que el macho, simple y llanamente porque a pesar de ser menos fuerte de arranque, es mucho más resistente, y cuando el hombre ya se ha cansado de cargar y necesita detenerse, a ella aún le queda mucha energía resiliente para seguir adelante.

En el uso del fuego, y a pesar de que la mujer es más sensible que el hombre, ellas perciben, evitan y superan mejor las quemaduras que ellos, que a menudo ni siquiera saben por dónde coger lo que se está asando o quemando.

LA MUJER Y EL FUEGO

Si Prometeo dio el fuego a los hombres, según la mitología griega, Vesta es la diosa que lo cuida y lo mantiene encendido eternamente en las creencias romanas.

La figura típica del hombre haciendo fuego de unas piedras o frotando unas maderas, es la más habitual, como si la mujer desconociera dichas técnicas, lo cual puede estar muy lejos de la realidad, pues una cosa es encender la mecha, como Prometeo, y otra muy distinta saber qué hacer con él, y las magas y sacerdotisas de la prehistoria parece que sí sabían darle diferentes usos.

La historia de la humanidad entera es fascinante en muchos aspectos, tanto por sorprendente como por inexplicable, pues la verdad es que no sabemos cómo ni cuándo, y mucho menos por qué ni para qué la humanidad aprendió a usar el fuego, ya fuera para calentarse, para cocinar, para ahumar algunas herramientas o para tener carbón para dibujar en las paredes de las cuevas.

Cualquier rayo, erupción volcánica o incendio pudo haber sido el inicio de la contemplación del fuego, incluso de la experiencia de quemarse entre sus flamas, algo sin duda mágico y peligroso, pero de ahí a producirlo y dominarlo para diferentes tareas humanas, hay mucho trecho.

Descubriendo el fuego

Los especialistas y estudiosos del tema no se ponen de acuerdo, pues los primeros incendios son cientos de millones de años anteriores a la humanidad, sin que ningún ser vivo se aprovechara de ello.

Ningún animal conocido domina el fuego como lo hace el ser humano, y quizá sea lo único en que seamos diferentes a ellos, por el resto nos parecemos bastante.

Lo curioso del caso es que sin haber una conexión entre las distintas etnias que en el mundo han sido, ni en tiempo ni en cercanía ni en espacio, tal parece que no hay un solo grupo humano que no sepa utilizar el fuego de una o de otra manera, incluso en latitudes en las que no hace mucha falta su presencia.

Dicen que los sentineleses, habitantes hostiles de una isla la sur de la India, no conocen el fuego, pero no hay prueba de ello, ya que nadie se ha acercado lo suficiente para corroborarlo, de la misma manera que se desconoce su origen remoto y su historia, solo se especula, por especular, que hasta ellos no ha llegado la tecnología del fuego.

Pero, cómo es que otros pueblos aislados y hostiles sí la conocen.

¿Inconsciente colectivo de Jung?

¿Telepatía femenina que difundió y difunde los conocimientos?

¿Diferentes viajes del titán Prometeo a la Tierra?

Un gen responsable, como el del habla que posibilita el manejo consciente y deliberado del fuego, o la simple empírica de las mujeres en los diferentes grupos humanos, que ha llevado a la humanidad a dominar las ígneas virtudes del fuego.

EL MATRIARCADO Y LA MUJER EN LA VIDA SEDENTARIA

Antes de que los hombres empezaran a pelearse por las acequias y las semillas acumuladas, las primeras organizaciones humanas debieron ser matriarcales, con la madre o la abuela rigiendo el destino de la comunidad, incluso antes de que apareciera como derecho maternal en Atenas, porque alrededor de ella toda la vida del grupo se conjugaba: ella paría, ella criaba, ella educaba, ella decidía, y no porque gozara de poderes humanos y divinos, magia o capacidad manipuladora sobre los demás, sino porque el ser madre y abuela era un hecho, lo mismo que sus funciones más elementales en el seno de la comunidad.

Ese tipo de matriarcado se mantuvo durante miles de años en las comunidades semi sedentarias, y si bien en las asambleas participaban todos, en los concilios participaban casi siempre solo las mujeres, pues ellas tenían la última palabra sobre lo que se debía o no se debía hacer, y no por imposición, sino por experiencia y sabiduría que acataban todos.

A medida que las comunidades se hicieron más sedentarias, el matriarcado de gens maternal fue cediendo terreno a otro tipo de organizaciones sociales.

La agricultura y la ganadería, la acumulación y la distribución de recursos, e incluso la construcción de murallas y viviendas, incidieron en esos cambios, según algunos para proteger lo conseguido, y según otros para crear jerarquías que beneficiaran a unos en detrimento de los otros, junto con las nuevas divisiones de roles y papeles en las actividades laborales, y el aumento de las poblaciones.

Según autores como Robert Graves y Marvin Harris, junto con las nuevas formas sociales de división de tareas, surgió un matriarcado mítico, tan feroz y jerárquico como cualquier otro orden de gobierno masculino, donde las matriarcas, ensoberbecidas por el poder, se volvieron déspotas y agresivas, sobre todo con su competencia directa, la población masculina.

Esas matriarcas eran crueles con todo lo masculino, y se cuenta que algunas de ellas elegían a los más hermosos y atléticos como concubinos, sementales o reyes por un día.

El mundo de las mujeres
en la antigua Grecia

El elegido como "rey por un día", era bañado, perfumado, alimentado y amado por veinticuatro horas, para que cubriera a la reina y la embarazara. Luego lo dejaban descansar entre lienzos de seda, pero, al otro día, era prendido, reducido, sometido, vejado y torturado de las maneras más terribles conocidas, hasta dejarlo listo para su instante final, muriendo decapitado, quemado o desmembrado, para servir de banquete a las sacerdotisas y a la reina matriarcal, entre danzas, libaciones, cantos y rituales mágicos donde además del cuerpo, le devoraban el alma.

El hígado, el cerebro y el corazón eran los platos más apreciados del cuerpo de quien había gozado del enorme y divino privilegio de haber sido "rey por un día".

Cuentan que, por crueldades como la descrita, los hombres se rebelaron y empezaron a minar el poder de las matriarcas, hasta vencerlas, encerrarlas en sus casas y someterlas a un nuevo orden menos demencial.

Ese matriarcado poderoso, cruel y agresivo duró solo dos o tres mil años, y sus restos se podían apreciar en las míticas amazonas, o en poblaciones que se quedaron alejadas de las civilizaciones de la antigüedad, como sucedió con el Tíbet, algunas poblaciones chinas, y en grupos celtas y celtíberos, por ejemplo, de los cuales aún quedan remanentes míticos y reales, aunque son muy pocos.

Las ciencias sociales no aceptan fácilmente la existencia de los matriarcados agresivos y guerreros, donde solo habitaban mujeres y los hombres eran sementales casuales o esclavos para trabajos rudos, pero no miembros de la comunidad. Hasta Hércules fue uno de aquellos sementales que cubrió a Hipólita, la reina de las Amazonas, tras vencerla en la batalla de la fuerza, las armas y el amor.

Depende de quien cuente la leyenda, realmente fue Hipólita la que venció a Hércules, tanto en la guerra como en el sexo, pero que no lo mató ni lo utilizó de merienda por pura benevolencia, y porque al semi dios le quedaban tres trabajos por hacer.

Hércules matando a Hipólita

De una o de otra manera, muchos pueblos fueron civilizándose y requiriendo de nuevas formas de gobierno, con los matriarcados cada vez más cerrados en sí mismos como células familiares y no como jefes de gobierno, entre otras cosas, porque madres había muchas, y descendientes muchos más, y ya no era funcional mantenerlos a todos bajo una misma égida maternal, pues, como cuentan los antropólogos, al llegar a la cifra de 150 individuos ya no da tiempo material para atenderlos a todos.

La codicia, el vicio del poder, la violencia y el orgullo hicieron el resto, con lo que el matriarcado pasó de lo público a lo privado, al hogar, a veces extenso y otras veces reducido, pero hogar al fin y al cabo, dando paso a las filiaciones y herencias paternales y patriarcales, donde la línea del linaje ya no era extensa, sino simple y directa, de padres a primogénitos, y con las hembras de la familia para hacer canjes y matrimonios de conveniencia, o de alianza, con las familias y los pueblos vecinos.

Es un hecho que, con el ascenso del patriarcado, las masacres y los genocidios se iniciaron e incrementaron, pues ya no solo era caso de defender lo propio, sino de adueñarse de lo ajeno con el único esfuerzo de la guerra y del asesinato, aplaudido por los gobernados y ensalzado y premiado por los patriarcas, algo que sigue sucediendo hasta nuestro tiempo.

Por supuesto, que en los sistemas actuales gobiernen las mujeres, no cambia nada, pues las masacres, los abusos y las desigualdades continúan vigentes y no se nota un matriarcado suave y armónico cuando las que mandan al Estado son ellas.

Sobre los milenios séptimo y sexto antes de la era común romana, es decir, hace unos nueve mil años, más o menos, comienza en el mundo el fenómeno de las grandes religiones, que se irán haciendo paso y cada vez más poderosas y frecuentes en los reinados y en el ánimo de sus pobladores.

DIOSAS Y DIOSES

Primero fueron las diosas, luego fueron las parejas de dioses con él y ella, pero al final se impuso, dio fama y publicitó a la figura de los grandes dioses varones, únicos, poderosos y superiores, con su corte de divinidades obedientes, y con la capacidad de crear y de destruir la Tierra y todo lo que se encuentra dentro de ella, por lo que se les debe temor, adoración y mucha obediencia.

Las diosas parecen ser un poco menos beligerantes y más sexuales o maternales, pero también avocadas a la destrucción y a la guerra si es necesario, o si su humor o cambios de ánimo lo requiere para vengar alguna afrenta real o ficticia, o incluso por capricho o para favorecer a alguien de su estima, sin más; mientras que a los dioses varones los mueve el poder, la locura, la ambición o la competencia.

Las primeras diosas no dejaban de ser maternales, o símbolos sexuales de fertilidad; los primeros dioses eran sobre todo creadores del universo y de la humanidad, pero padres difusos o ausentes. La Pachamama sigue en su sitio sin necesidad de mandar, imponer o gobernar, he ahí la diferencia.

¿A quién se le ocurrió la fabulosa idea de inventar dioses que lo justificaran todo, sobre todo el poder? Es un enigma tan misterioso como el dominio del fuego o la capacidad del habla en el lenguaje humano.

Cómo es que todos los pueblos más o menos civilizados que en el mundo han sido tienen religiones oficiales y de obligado cumplimiento.

Diosa Madre amamantadora

Los dioses son más que diversos, como diversas son sus cosmogonías, pero cuentan con un denominador común: el poder y la jerarquía, que tanto adoran los pueblos y tan útil es y ha sido para los privilegiados.

Ya con el matriarcado reducido a relaciones privadas y matrimoniales, aunque aún con mucho poder de influencia sobre lo público, los grandes dioses y mitos religiosos hacen acto de presencia y se adueñan de la organización de los pueblos, así como de sus destinos.

En la sabia y erudita Atenas se creía fervientemente en Atenea, su diosa protectora, y quien no creyera en ella era reo de condenación social y legal, que le podía costar la muerte o el exilio, como le pasó a Sócrates.

Las Teocracias, más patriarcales que matriarcales, se apoderaron del mundo antiguo y han medrado hasta el mismo día de hoy, influyendo incluso en el pensamiento de los más rebeldes y siendo parte o variable de las fórmulas de la atildada y soberbia ciencia, como ya lo apuntara el cínico Diógenes, para el cual, hombres, mujeres y todo lo que nos rodea, no son otra cosa que producto de la naturaleza, muy lejos de divinidades, mentiras, intereses o ideas que les sustentan.

SIN TEO

No soy atea
ni soy nada,
pero viendo el tiempo transcurrir
en la humana marejada,
aún no logro entender
cómo se puede creer,
machacar y hasta imponer
a tan necia perorata,
de haber un dios, es mujer,
madre de todas las almas.

JANICE WICKA

LAS IDEOLOGÍAS

Luego vinieron las ideologías para aumentar el panteón divino que gobierna a este planeta.

35

Sí, una ideología es como un dios en nuestros días, y hay quienes se someten a una o a otra en contra de las demás, lo que no cambia es el denominador común de poder y jerarquía que somete a todos por igual independientemente de los dioses o las ideologías que se amen y se defiendan.

No importa si son de centro, izquierda, derecha, de polo norte o de polo sur, feministas, machistas, homosexuales o casi asexuadas y neutras, las ideologías van de mano de los dioses y de las creencias que castran al pensamiento, y que gran parte de la humanidad aplaude, aunque la sumerjan en la guerra y la miseria.

Las ideologías parecen muy modernas y del siglo XXI, pero no lo son, ya que desde hace miles de años, con la división social de los géneros, situando a uno por encima de otro, en plena lucha de ideas y de propuestas, con la parte menos agresiva en la resistencia eterna, y la más agresiva en la temporalidad de la vida y el privilegio, ya se habían iniciado las hostilidades ideológicas entre los seres humanos.

El patriarcado terminó por imponerse en las grandes civilizaciones y con la aparición del lenguaje escrito se profundizó, dejando al matriarcado recluido en el hogar y fuera del juego público de las decisiones, hace seis mil años, y continúa en nuestros días, aunque hay varias revoluciones del poder femenino que empiezan a socavar sus cimientos, aunque no sepamos el destino de todas ellas.

En su momento y ya dentro de la historia, tan mítica como la historia verbal de las leyendas, pero ya con escritos y documentos, las mujeres tuvieron su emergencia y asomo a la vida pública a través de la magia, la brujería, la sanación, el sexo, la educación y la tradicional maternidad, pues desde el más humilde esclavo, hasta el más elevado patriarca, no podían existir ni avanzar en este mundo sin la participación y concurrencia de ellas, que desde entonces han movido los hilos tras bambalinas, y no porque estuvieran detrás de un gran hombre, sino porque a ese gran hombre lo habían creado ellas, las mujeres de todos los tiempos.

II
El poder femenino en la magia, la brujería y la sanación

> *Quien tiene el saber,*
> *tiene el poder,*
> *pues nada tiene*
> *quien no sabe nada.*
>
> *Diótima*

¿Por qué las mujeres se han encargado mayoritariamente del cuidado del hogar, de la limpieza, de la comida y de la crianza de los hijos?

Las respuestas más habituales a esta pregunta son:

-Porque son brujas.

-Porque son magas.

-Porque son esclavas.

-Porque son inútiles para otras tareas.

-Por pura comodidad para no enfrentar el mundo externo.

-Por conveniencia económica.

-Porque lo tienen inscrito en los cromosomas.

-Porque si salen a la calle se vuelven unas provocadoras o unas pecadoras.

-Por mandato divino.

-Porque esa es su naturaleza.

Los tópicos típicos llenos de prejuicios abundan,

pero según la antropología las razones pueden ser más funcionales y sencillas, como la de tener el poder y el control de su ámbito más inmediato.

Tener limpia la casa se debe más a una cuestión de salubridad que de sumisión hacia el resto de la familia, ya que la mujer ha sido durante milenios la enfermera y doctora del hogar, y una de las formas más efectivas para mantenerse sanas ellas y sus acompañantes, es teniendo limpia el área de convivencia.

Las brujas de hoy en día todavía ofrecen hacer limpias las casas, los comercios, las oficinas, las empresas y hasta estadios deportivos, instituciones públicas y privadas o áreas de sembradío.

Las limpias, desde la prehistoria hasta nuestros días, protegen, sanan, cuidan, mejoran, atraen la abundancia, alejan al mal y fortalecen el alma.

Diótima, la maestra del amor de Sócrates

La limpieza mágica o cotidiana no es propia de nadie, ni de las culturas más salvajes ni de las culturas más civilizadas, las mujeres celtas y las vikingas eran extremadamente limpias, y procuraban que sus descendientes y sus parejas también lo fueran, mientras que en Roma, Grecia y Egipto, por ejemplo, la limpieza y los afeites estaban destinados a las clases más altas, pero las mujeres romanas, griegas y egipcias también eran bastante limpias, y las prostitutas eran, y a menudo hoy en día, incluso mucho más limpias, pues de ello dependía su salud y sus ganancias, como lo indica Diótima a Sócrates al hablarle del amor carnal.

Limpiar, lavar, pulir, embellecer el cuerpo o las paredes y los techos, tiene diversos beneficios, y las mujeres han sabido cuáles, cómo y cuándo sacarles partido.

LA MAGIA DE LA COCINA

Mi hermana menor, Mary, no deja de ocuparse de las tareas del hogar a pesar de ser una empresaria exitosa y de contar con servicio doméstico.

Tampoco deja de alimentar a sus hijos ni de atender a su pareja, aunque él es más joven y gana mucho menos que ella, pero le sirve igualmente por lo menos un par de platos dos veces al día.

Hacer la comida y servirla tampoco es un punto de vasallaje, pues hacerlo previene intoxicaciones y envenenamientos, de la misma manera que puede provocarlos, por lo que nunca han faltado mujeres que se han desecho de un marido al que no querían a través de sus artes culinarias.

Cocinar, por si fuera poco, está muy cerca de la química y de la alquimia, pues tiene una capacidad transformadora admirable, que puede mover a la alegría, a la pereza, a la gordura o al buen estado físico y psíquico de los comensales.

Dime qué comes y te diré qué enfermedades tienes.

Un simple caldo de pollo puede salvar una vida, lo mismo que las comidas procesadas o ultra procesadas pueden acabar con ella.

Las mujeres, durante miles de años y generaciones, han dominado el arte de la cocina, sin menospreciar a los cocineros o chefs actuales por mucho que cocinen más por vanidad, fama y dinero, que para mantener fuerte, sana y dinámica a la familia, cosa que sí han hecho las mujeres desde siempre.

Por tanto, cocinar también es funcional y hasta mágico en muchos sentidos, porque un té de ciertas hierbas y una sopa de ciertos hongos, puede alterar la consciencia y llevar de viaje astral o psicodélico a los comensales, y durante miles de años las mujeres han sabido cuáles son dichos hongos y dichas hierbas, mientras la mayoría de los hombres simplemente se sentaban a la mesa.

LA CRIANZA

Ocuparse de los hijos, además de la función natural y biológica, ha permitido desde siempre a la mujer crear el mundo que cree que le conviene, pues ella es la primera y principal educadora de sus descendientes, y enseña a las niñas a ser mujeres y a los niños a ser hombres, alimenta sus ilusiones y fantasías, de la misma manera que les hace racionales para muchas tareas, abriéndoles la mente o cerrándoselas, dependiendo de lo que ella crea y quiera, y, por supuesto, repitiendo buena parte de la educación y crianza que recibió de su madre.

Los hijos son de la madre más que de nadie, y de ella depende que tengan alas que los eleven, o piedras que los hundan o los arrastren; la madre escoge quién se queda con ella y quién debe abandonar el hogar, y los padres, los hombres, poco pueden hacer para impedirlo.

Aunque muchas veces no lo parezca, la mujer es la que diseña el mundo con su varita mágica de la crianza primera, pues puede hacer de sus hijos guerreros o poetas sin que estos se den cuenta, rebeldes o sumisos en la adolescencia, capaces para valerse por sí mismos, o tan inútiles que siempre necesitarán de ella; y no hay ninguna maldad en ello (casi siempre), sino una repetición de esquemas milenarios aprendidos de generación en generación y transmitido de abuelas y madres a hijas.

*Las mujeres medicina,
sanadoras y parteras*

De esta manera, las mujeres han dominado reinos y países enteros, y han traído la paz o llevado a la guerra a los pueblos, así como han sembrado el miedo a la enfermedad o la salud como bandera, y ha animado al estudioso en sus tareas, y al genio en sus ideas, del mismo modo que han impedido el progreso cuando lo han considerado necesario. Magia pura que se ha diseminado por todo el planeta, que sanan o enferman cuerpos, mentes y almas cuando a ellas les parezca.

SANADORAS, PARTERAS Y CURANDERAS

Mucho antes que aparecieran los sacerdotes vinculados al poder, las mujeres medicina se encargaban de la salud de su propio grupo, y a menudo también del grupo de al lado, pues una eran más certeras que otras y obtenían un prestigio que se difundía más allá de su tribu.

No solo conocían las plantas y los hongos, sabían además la dosis que se debía administrar en cada caso.

Eran parteras, sobadoras, arregla huesos, calma dolores y hasta psicólogas, pues también se encargaban de los males del alma.

Preparaban toda clase de ungüentos y pomadas.

Conocían los puntos clave del organismo, por lo que ya practicaban la digitopuntura y la auriculoterapia.

Imponían las manos para regular la energía en eso que más tarde llamamos chakras, para equilibrar las funciones orgánicas.

Realizaban rituales en los que sus pacientes alcanzaban una catarsis que los liberaba de sus males, con trances bien dirigidos para que se desdoblaran y conocieran su esencia energética, espíritu y hasta correspondencia animal o con la naturaleza.

Mujeres sabias que fueron transmitiendo sus conocimientos de generación en generación durante miles de años.

Esos conocimientos y prácticas ancestrales han llegado hasta nuestros días, a pesar de que las mujeres medicina han sido suplantadas tanto por el médico brujo de la tribu, como por los galenos, los médicos y todos los productos medicinales del patriarcado, persiguiéndolas, acosándolas, desprestigiándolas, señalándolas como hijas del mal o sirvientas de Satanás, e incluso quemándolas en la hoguera, algo que fue muy habitual en la Alemania del Renacimiento, y mucho menos en la Edad Media a pesar de las presiones de la Iglesia, donde algunas mujeres medicina se refugiaron haciéndose pasar por monjas al servicio de Dios, como Santa Hildegarda, que era mucho más docta que los médicos de su tiempo.

LAS BRUJAS

La estrategia en contra de las mujeres medicina fue culparlas de todo mal, desprestigiarlas constantemente, llamándolas hechiceras, brujas irredentas, diabólicas, pervertidas, sucias, malvadas, locas o lo que fuera, con tal de que la gente no acudiera a ellas.

Obviamente, la estrategia de desdeñarlas oficialmente no funcionó, porque la gente que buscaba un remedio para sus males no dejó nunca de buscarlas.

La Santa Inquisición las persiguió, y aunque en España solo mató a unas 90 mujeres medicina en un lapso de tres siglos, en otras partes de Europa, como Alemania, llegó a ejecutar casi a 500.

Santa Hildegarda, mujer medicina

Santa Hildegarda sigue haciendo milagros después de muerta, y con su figura se dio paso a la formación del cuerpo de enfermeras, casi todas monjas durante dos o tres siglos, para que los médicos varones se lucieran.

La enfermería fue una actividad voluntaria y vocacional durante mucho tiempo en casi todo el mundo, de ahí que muchas de ellas fueran religiosas, y hasta hace muy pocos años se les ha reconocido como profesionales regladas y certificadas, con muy pocos enfermeros hombres, dando un importante paso en el aspecto laboral, pero soslayando aún la importancia de las mujeres medicina de toda la vida, si bien es cierto que hay parteras de lo más tradicional, así como mujeres médico que han estudiado medicina alópata y que triunfan en su profesión, llevando el espíritu de las mujeres medicina dentro del alma, el espíritu y el cuerpo.

Por supuesto, el campo de las medicinas alternativas está lleno de mujeres, como mis amigas Mary Wave y Eugene, que además son médicos reglados y titulados, pero que han apostado por tratamientos más humanos y menos cercanos a las presiones de la industria farmacéutica, con verdadero éxito.

En la rama de la farmacia, donde se hacen y se surten los medicamentos, también está plagada de mujeres medicina, así como en el campo de la psicología, donde la mayoría de estudiantes y profesionistas son del ramo femenino.

Los métodos de las curanderas

No faltan las hierberas y curanderas de toda la vida, tanto en las grandes ciudades y en los barrios populares, como las que atienden a las personas del campo, la montaña, el mar y los pueblos más alejados; por esos lares casi nunca han faltado desde hace miles de años.

Desde la prehistoria hasta nuestros días, la evidencia nos muestra claramente el poder femenino en el terreno de la salud, la atención, el cuidado de los enfermos, los partos y todo lo que sea curación y sanación, incluso cuando a las mujeres medicina se les ha perseguido con vehemencia.

Si eres mujer, no lo dudes, por tus venas corre el poder femenino de las mujeres medicina.

Hay curanderas, sanadoras, chamanas y mujeres medicina por todas partes del orbe, y en casi todas las culturas conocidas, con métodos que el patriarcado no reconoce como científicos, olvidando de paso que la medicina no es una ciencia exacta, sino humana, y que el enfermo a menudo se cura más por la fe y el convencimiento, como en los experimentos de efecto placebo, que por el tratamiento propiamente dicho.

No vamos a hablar aquí en contra de los avances médicos y farmacéuticos, que los hay y son bienvenidos en muchos casos, sobre todo si de verdad curan y mitigan los dolores y los padecimientos de la gente enferma, pero sí debemos destacar la parte que las mujeres medicina y el poder femenino tienen y han tenido a lo largo y ancho de la historia.

SANAR

Le pregunté a Mama Chana,
¿qué debo hacer para sanar
de estos males del cuerpo y el alma?
Es muy fácil, respondió,
como viejo ya no sanas

ni de amores ni de canas
ni de achaques,
no te andes por las ramas,
del resto, amigo mío,
te basta con respirar.

Le di las gracias, cien pesos,
respire hondo, muy hondo,
y sí, me dije,
tal parece que estoy vivo,
y me eché a caminar
el resto de mi destino,
creo que esto es sanar.

DR. J.T.

Durante tres o cuatro siglos se las persiguió con más saña que nunca, como si fueran una amenaza mundial, con motivos que hoy pueden mover a risa:

-Por ser demasiado hermosa.

-Por no haberse casado nunca.

-Por ejercer su sexualidad libremente, pero sin ser prostitutas.

-Por tener el pelo rojo.

-Por saber leer y escribir, estudiar e investigar, sobre todo si no eran monjas o hijas de familias reales o poderosas.

-Por vestir de forma contraria a las reglas, ya fuera estrafalariamente, con ropas coloridas, con trajes de hombre o, por supuesto, por pasearse desnudas aunque lo hicieran dentro de sus casas.

-Por tener relaciones sexuales consideradas lujuriosas o pecaminosas, como la sodomía, incluso si lo hacían con sus maridos.

-Por enviudar.

-Por llegar a una edad demasiado avanzada.

-Por reír estentóreamente.

-Por poner en duda leyes, creencias religiosas o las enseñanzas tradicionales.

-Por no dejarse pegar, corregir o castigar por el marido.

-Porque sus hijos nacieron con taras o deficiencias genéticas.

-Por ser diferentes.

-Por no ir a misa ni visitar los templos e iglesias.

-Por reunirse con otras mujeres.

-Por bailar, por cantar o por celebrar reuniones y fiestas.

-Por hablar de frente a los hombres, y hasta por hablar demasiado.

-Por no sentarse como señoritas con las piernas juntas.

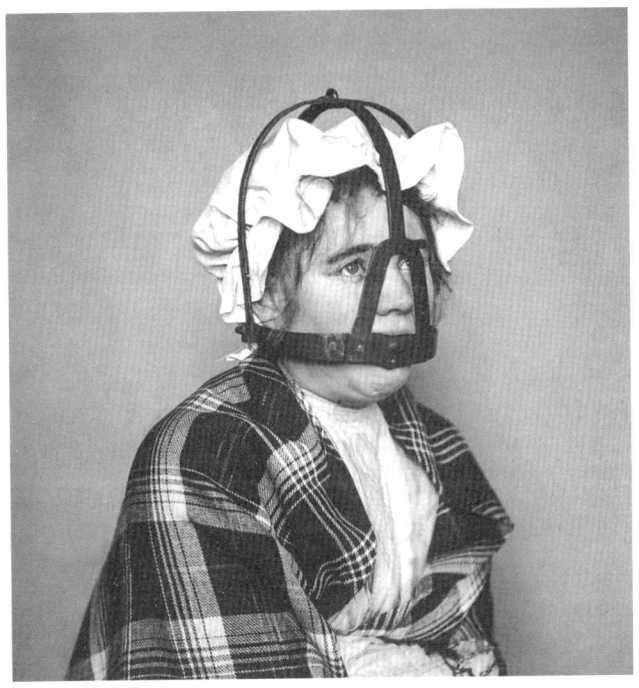

Castigo victoriano por hablar demasiado

-Por comer o beber en exceso sin ser hosteleras o mujeres de la vida.

-Por faltarle el respeto al señor cura, o por no someterse a sus abusos.

-Por no creer en la religión impuesta.

-Por celebrar aquelarres, fiestas paganas, como el Sabbat, o cultos anteriores a la sacrosanta Iglesia, donde el trance y los psicotrópicos eran habituales.

-Por caer en trance durante la misa, el culto, la confesión o en el templo o la iglesia.

-Por adúlteras.

-Por supuestamente haberse comido a uno o varios niños, como en Hansel y Gretel, aunque no hubiera prueba alguna.

-Por llegar al matrimonio sin ser vírgenes.

Curiosamente, los juicios por pactar con el diablo, practicar la magia, la adivinación, la videncia, la sanación, negar a Dios, a la Virgen o a Cristo, o practicar la levitación, fueron los menos habituales, aunque a las condenadas se les suponía toda clase de maldades y pecados, por lo que algunas de ellas, sobre todo en Francia, Inglaterra y Alemania de los siglos XVI y XVII, acabaron en la hoguera, tras las frecuentes torturas, todo ello por el bien de su alma que de esa manera era salvada o por lo menos purificada.

La hoguera, para salvar el alma de la bruja

La persecución o "caza de brujas", frase algo moderna, no era nada nuevo, ya que desde Babilonia se practicaba, como se puede leer en el *Código de Hammurabi*, sin dejar de lado a Egipto, incluyendo a una que otra faraona; en África, donde continúa la práctica de perseguirlas y matarlas, sobre todo si operan desde el pueblo enemigo o contrario; en Asia, por considerarlas demonios disfrazadas de mujer; en Roma, donde eran llamadas "maléficas"; y también en América, sobre todo tras la llegada de los españoles y las religiones judeocristianas (el cristianismo protestante fue mucho más represor y asesino que el catolicismo), las cazas y derribos de brujas en nombre de Dios o de Cristo han sido una constante.

En nombre de Cristo

De hecho, casi no se salva ninguna parte del mundo, ni siquiera la América prehispánica, donde hasta las diosas salían mal paradas si ejecutaban sus artes mágicas, como la Coatlicue, castigada a barrer el monte por su propio hijo.

Tal parece que el patriarcado opresor se extendió por todo el mundo de forma tan misteriosa como el dominio del fuego y el del habla.

Algunas antropólogas insinúan que el patriarcado vengativo y persecutorio se inició el día que los ingenuos hombres se dieron cuenta de que también eran padres, y que las mujeres no se embarazaban del sol, de los delfines, de las serpientes ni de las aguas sagradas de los ríos, sino de ellos y solo de ellos; hasta entonces si una mujer decía que la había embarazado un dios de manera impoluta y sin rasgarle su virginidad, se le creía, y en el catolicismo de hoy en día se le sigue creyendo.

MIS BRUJAS PREFERIDAS

Hay brujas para todos los gustos, buenos o malos, humildes o pretensiosos.

Brujas de literatura, de cine o de televisión.

Adivinas y curanderas de barrio, de pueblo pobre o de la gente rica y famosa.

Astrólogas de las redes sociales, y antiguas brujas caídas en desgracia, que fueron fuente y fruto de la creación, o incluso diosas poderosas y veneradas en su tiempo.

Muchas de ellas siguen siendo seguidas y adoradas bajo el disfraz de vírgenes o nuevos mitos y diosas.

Algunas sin contacto con la realidad que compartimos el resto, y por lo cual se las ha tildado de locas, y otras más racionales y astutas que las matemáticas.

Las hay sabias e ignorantes, ricas y pobres, astutas y fraudulentas, las que lo ven todo y no saben explicarlo, y las que no ven nada pero se lo inventan o echan mano de tablas y experiencia, total, las personas "normales" se repiten y sus intereses no pasan de los manidos "salud, dinero y amor", por lo que es más fácil acertar que fallar en las premoniciones que se hagan.

Lo mismo pasa con los amuletos que las brujas consagran, ya que en sí no valen para nada, pero sirven de fe, esperanza y efecto placebo para quien los paga y los lleva consigo.

La gente más rica, que es igual de supersticiosa que la más pobre, compra reliquias de santos que nunca existieron, o paga para que médicos espirituales y fantasmas policías los sanen y los resguarden, depende de lo que les venda su bruja, maga o hechicera particular.

Lilith, Écate e Ishtar, que para unas investigadoras son la misma diosa sumeria y para otras son diosas distintas, son las primeras de mis brujas preferidas, por valientes, libres, soberanas, rebeldes e independientes, que viven su sexualidad sin cortapisas y no temen los castigos divinos de nadie.

Esta diosa, o diosas y hasta posible referente de las mujeres rebeldes y poderosas de la antigüedad, no siempre fueron perseguidas por las autoridades religiosas de su época, sino aceptadas y hasta adoradas como parte esencial de la humanidad en lo que al sexo libre respecta, y como protectoras de las clases marginadas y marginales, como las prostitutas que ejercían fuera de los templos (las prostitutas de templo eran regladas, oficiales y sagradas), los niños abandonados o repudiados, y los ancianos que se habían quedado sin nada, con lo que eran más trabajadoras sociales que brujas lujuriosas y malvadas.

*Lilith, Écate o Ishtar,
trinidad del poder femenino*

En segundo lugar, estarían las que son más cercanas a mí, como Janice Wicka (escritora, poeta, tarotista, astróloga y hierbera), Mary Wave (acupuntora, sanadora e inventora y creadora de alimentos y bebidas naturistas) y Adrien (clarividente, tarotista y médium).

En tercer lugar, las más tradicionales:

-Morgana, diosa y bruja sajona y celta, enemiga y cómplice de Merlín el Mago.

-La Dama del Lago, la bruja elfo que cuida de los niños perdidos.

-Las trece de Salem, que quizá ni siquiera eran brujas.

-Medea, que tras ser violada se convirtió en bruja.

-Circe, la devoradora de hombres, tras convertirlos en cerdos (muy metafórica su historia, donde solo se salva Odiseo, más conocido como Ulises).

-Canidia, la médium de Roma que hablaba con los muertos.

-Erictón, que se servía de los muertos para predecir el devenir de las batallas.

-Pachita, famosa bruja y curandera mexicana.

-María Sabina, la bruja de los hongos alucinógenos de Oaxaca.

-Y todas las Mamá Chana o Tía Jorge de los pueblos más apartados.

Las mujeres somos mágicas en muchos sentidos, maternales y productoras, sanadoras y transformadoras, humildes y sensibles, sí, pero también magníficas y poderosas, brujas puras que mueven los destinos de la humanidad a su antojo, aunque a veces parezca todo lo contrario, entre otras cosas, porque solo nosotras sabemos el alcance de nuestros más escondidos secretos.

En casi todas las culturas machistas y patriarcales, lo diferente a la norma y a la imposición jerárquica era producto del mal, de los demonios, y en el área judeocristiana, del mismísimo Lucifer o Satanás.

Brujas y Satanás, en la visión de Goya

Las mujeres que no seguían las normas de sumisión eran diabólicas de inmediato, poseídas por los demonios más terribles y peligrosos.

Algunas eran toleradas por funcionales, es decir, porque eran necesarias de alguna manera para la comunidad, y a veces simplemente porque servían de mal ejemplo y de lo que no se debe hacer si eres una persona decente y educada, con deseos de casarte, tener hijos y ser la esposa o mujer de un macho que te protegiera o trajera el alimento a la casa; falsas promesas, sí, pero la gente se las creía y las deseaba con ilusión, aunque al final el macho esposo no sirviera para nada.

No todas se rebelaban, pero las que lo hacían pasaban a formar parte de las "malas", la competencia desleal, lo prohibido, el pecado y lo satánico, aunque no hubiera prueba alguna de su supuesta maldad, pero eran diferentes y con eso bastaba y sobraba para condenarlas.

La reacción de las "malas" no fue fingir, sino aumentar las notas que las diferenciaban de las demás para escandalizarlas, despertarlas o simplemente para burlarse de ellas, escandalizando de paso a sus maridos y al cura del lugar.

Las misas oficiales estaban bien vistas, pero los rituales de las mujeres libres, las brujas, estaban satanizados al máximo.

Que Santa Teresa de Jesús entrara en trance y hasta tuviera orgasmos pensando en el Cristo hermoso y varonil de las pinturas, era cosa de santidad, mientras que entrar en trance en un aquelarre o banquete de brujas, como los antiguos banquetes dionisiacos, eran motivo de persecución.

Las orgías con rameras y hombres prominentes del pueblo o la ciudad, a veces eran criticados por sus excesos, pero nunca tan perseguidos, y mucho menos tildados de satánicos, como lo podía estar una simple reunión de mujeres hierberas que recogían plantas en las noches de luna llena para que funcionaran mejor en el cuidado de la salud y en la cura de enfermos, porque seguramente iban al campo a pactar con Satanás.

De ahí se inventaron hasta supuestos pactos con el demonio que hacían las curanderas:

PACTO CON LA OSCURIDAD
(RUEGO A SATANÁS)

Señor de la noche y la oscuridad,
señora que brilla en el firmamento,
amo y señor de las tinieblas,

ama y señora de las luces,
a vos me entrego
en mente, alma y cuerpo,
una soy contigo,
derrama en mí el vino
del conocimiento,
opera en mí la magia
del descubrimiento,
guíame más allá del bien y del mal,
soy toda tuya y de nadie más,
ese es mi juramento.

Tanto se insistió en estos temas para despres-
tigiar a cualquier mujer que se saliera del rebaño
sagrado del Señor, que las mujeres medicina, las
brujas, las curanderas y las simplemente distintas, les tomaron la palabra a sus perseguidores y
formaron alianzas y sectas entre ellas, siendo más
temidas mientras más se burlaban de las autoridades y de la ignorancia ajena.

La satanizada reunión de las Maléficas

60

Querer aprender a leer podía ser un síntoma de brujería y satanismo.

Pretender estudiar o escribir, algo que estaba fuera de lugar, porque Dios no le había dado a la mujer esa clase de intelecto.

Las mujeres eran consideradas costillas dependientes de un hombre, ya fuera el padre, el esposo, el hermano mayor, el tío o hasta un primo lejano, pero siempre un hombre, un macho que ratificara su santidad y sumisión como mujer que no debía hablar si no se le daba la palabra, menos opinar y bajo ningún concepto rebatir lo que decía la Iglesia, el cura o cualquier hombre, porque así lo decían las santas y sagradas escrituras: "La mujer no debe alzar nunca la vista a la altura del hombre."

Incluso ser alegre, cantarina o bailar en las fiestas del pueblo era señal de pecado y rebeldía que se debía castigar, porque así lo decía la Biblia, o porque al hacerlo podían despertar los deseos sexuales de los hombres, provocándolos a cometer pecados de onanismo, sodomía, violación o incesto, sin que en los hombres existiera maldad, pues habían sido llevados al pecado por las satánicas y provocadoras mujeres, como dice el Corán, a veces por el simple hecho de mostrar los labios o el pelo.

Sin embargo, las mujeres de todos los tiempos se han rebelado siempre ante tales absurdos y abusos patriarcales y religiosos, pues han tenido, y tienen, la fuerza interior del alma y del uso de razón, una luz interior tan presente como antigua y primordial: la divinidad mágica y el poder intrínseco de las mujeres.

Es decir, todo ello proviene del principio divino femenino que veremos en el próximo capítulo, porque, sin duda alguna, la primera gran divinidad fue mujer, y lo sigue siendo por más que se pretenda ocultarlo o falsificar la historia.

III
EL PODER FEMENINO
DE LAS DIOSAS

De las Diosas nacen diosas,
por eso en cada mujer
hay una esencia divina
poderosa que se transmite
de Ser en Ser.

JANICE WICKA

Del respeto que se les tenía a las mujeres medicina de la antigüedad, se pasó al miedo, la desconfianza, la condena y hasta la ejecución de las mal llamadas brujas o hechiceras, dándoles toda la mala publicidad que se pudo desde el inicio del patriarcado.

Algunas fueron consideradas diosas, o hijas de diosas, y gozaron de culto y respeto, pero en cuanto las civilizaciones avanzaron bajo el dominio de los hombres y los sacerdotes, se las fue apartando todo lo que se pudo, si bien es cierto que fue hasta la llegada de las religiones semíticas y judeocristianas que se les persiguió y se intentó exterminarlas con el pretexto de que eran de lo peor y contrarias a los dioses varones, como Jehová, que detestaban prácticamente a todo lo femenino.

La leyenda de Lilith, tanto bíblica como sumeria, sienta las bases religiosas e ideológicas de que una mujer libre, independiente, sexualmente activa, sabia, inteligente, fuerte y poderosa, es lo peor que puede pisar la faz de la Tierra.

La Afrodita griega y su versión como la Venus romana, no es tan negativa, pero sí se le equilibra con Hera o con Atenea, e incluso con Diana Cazadora (Artemisa), donde la sumisión, la castidad, la fidelidad al marido, el cuidado del hogar y la dependencia al varón, se convierten en máximos valores de la convivencia, dejando a Venus como una caprichosa y casquivana hembra a la que no se debe emular si se quiere ser una mujer proba y decente.

Vesta, de diosa poderosa a virgen sumisa

Diosas como Vesta (Hestia), guardiana del fuego y con sus sacerdotisas vírgenes, fueron adoptadas por los romanos, y de ser poderosa, independiente, fuerte y sabia, pasó a ser una diosa del hogar, buena y bondadosa, que protegía la fortuna del Imperio mientras no se apagara el fuego que la depuraba de todo pecado o bajeza.

Otras diosas pasaron de ser una potencia sexual femenina, a representar papeles más subsidiarios y de acuerdo a la moral dictada por los patriarcados, como la egipcia Isis, que de ser capaz de retar a la muerte, reconstruir a Osiris, ejercer su sexualidad como mejor le parecía y hasta enfrentar al mismísimo Ra, pasó a ser una especie de virgen y mártir adorada por toda la cuenca mediterránea, señora de la fertilidad y del ganado, de los navegantes e incluso de algunas guerras y batallas, pero a la vez fiel ama de casa que se desvelaba por los demás, pasando de ser señora del incesto a sufrida ama de casa.

Isis, señora del incesto

De las diosas más antiguas no se recuerda ni los nombres, aunque la propia Vesta es mucho más antigua que los griegos y los romanos, y muchas de ellas, además de haber sido sincretizadas y absorbidas por las grandes religiones para mantenerlas en el ánimo popular, pero disfrazadas de "buenas", muchas veces fueron consideradas simples comparsas, parejas, esposas o compañeras de otros dioses que ejercían el dominio sobre ellas.

Estas transformaciones, publicidad *ad hoc* o negativa, llevó a creer que ese era el orden natural del poder femenino, incluso el de las diosas más elevadas y selectas, porque los dioses, desde Anu hasta Moloch, pasando por Ahura Mazda, Zeus, Brahma y Jehová, eran de género masculino y los creadores del universo, sin ninguna diosa que les hiciera sombra.

Jehová, por ejemplo, ni siquiera tenía mujer con la que copular, sino que se lo hacía todo solo, y las hembras de su creación ni siquiera tenían alma, malditas por la culpa de Eva, cuando bien se portaban, o hijas del pecado y condenadas al infierno cuando seguían a Lilith.

La mujer debía ser casta y pura, sin hormonas ni feromonas que la animaran, y no activa sexualmente como Écate o Ishtar, o esposa de un dios, que sí podía ser promiscuo y mujeriego, incestuoso y dado a todo tipo de excesos, y la historia mítica de las divinidades se repitió tanto y tanto, que muchas personas, hombres y mujeres, se lo llegaron a creer y a dar por hecho que las cosas debían ser así: la mujer sumisa, casta y en casa, mientras los hombres disfrutaban del placer.

En mis tiempos universitarios, de eso ya hace más de cuarenta años, se decía que Dios sí existía, pero que era mujer, negra y lesbiana, como las diosas más antiguas, creadoras de verdad de la humanidad porque solo ellas podían ser madres y dar vida a todo lo que las rodeaba.

Coatlicue, diosa mexica dando a luz a la humanidad

Para muchas de nosotras la divinidad tan invocada en todos los tiempos y en todos los lugares de la humanidad, es más un concepto que un ser parecido al hombre o a la mujer, una sensación más que una inteligencia racional al estilo humano, que lo inunda todo, y, en cierto sentido, más femenino, y no por el género, sino por los valores de creación, protección, consuelo, acogimiento y maternidad.

Según las estadísticas, el 95% de la humanidad es creyente, ya sea de las grandes religiones y sus dioses, como de algo divino que nos supera, e incluso de lo más absurdo, bajo y demoniaco que se pueda pensar. La imaginación y la capacidad de creer en lo que sea, posibilita tanto el engaño cotidiano como la elevación de la consciencia, y las diosas no han escapado de esa forma de pensar y de sentir que tenemos los seres humanos, sobre todo los más sensibles, que están representados por las hembras, así que Dios bien puede ser negra y lesbiana, o amarilla y practicar la poliandra (tener varios maridos), e incluso blanca, virgen y mártir.

Las diosas son tan universales como diversas, y en todas ellas se encuentra la luz del poder femenino, que ha vuelto a resurgir hace apenas poco más que un siglo, después de miles de años de encontrarse amagado en la trastienda.

MIS DIOSAS FAVORITAS

Este capítulo está dedicado a mi libro *Descubre la diosa que hay en ti*, publicado hace un año, por si interesa un estudio un poco más profundo sobre el tema.

Hay miles de diosas a las que se adora actualmente, algunas con sus nombres y latitudes más o menos originales, otras disfrazadas de vírgenes católicas o diosas recientemente inventadas, santas, sabias o míticas princesas de Oriente y de Alaska, entre las cuales se encuentran mis diosas favoritas, las que siempre me acompañan en mi vida y en mi cuaderno de notas:

DIOSA MADRE

Si ha habido una Diosa real y verdadera, creadora del Cielo y de la Tierra, Señora de la Vida y de la Muerte, Omnipresente y Todopoderosa, porque la vida en el Cosmos entero depende de ella y solo de ella, esa es la Diosa Madre, y lo es desde antes del principio de los tiempos y siempre lo será, pues no hay nada más que Ella y solo Ella, el resto es pura ilusión, Maya, que también es alma de mujer.

Pervertir este concepto es pervertir el alma propia.

Usurpar su sagrado lugar es usurpar la realidad y el pensamiento.

Esconderla es negar la propia naturaleza.

Fingirla es fingir el propio origen y torcer el propio destino.

La magia de la vida y de la existencia se encuentran en ella y solo en ella.

Nadie puede hacer lo que ella hace de manera simple, hermosa y natural, porque es madre e hija de la Naturaleza misma, como no lo es nadie más.

La sacrosanta Diosa Universal

Sin ella no hay vida, sin ella no hay nacimiento, sin ella no hay progreso, sin ella no hay enseñanza, sin ella no hay experiencia vital que valga, sin ella no hay esperanza, porque sin ella no hay absolutamente posibilidad de nada.

VESTA

Vesta es una de las diosas más antiguas del mundo, y su nombre quiere decir calor, fuego, estío, pero no el estío estacional, sino el estío de la propia Tierra, es decir el calor y el fuego interno del mundo, ese núcleo de hierro hirviente que se derrama por la boca de los volcanes.

A pesar de todo ello, esta diosa arcaica se convierte en Roma en adalid de la virginidad y de la castidad, y en la del mayor celo en el cuidado de lo sagrado al estilo patriarcal y jerárquico, manteniendo el fuego viril siempre encendido.

Todavía en Grecia, como Hestia, conservó parte de su fuego original, sobre todo en el campo de la intuición y la adivinación, pero ahí empezó a domesticarse y a representar el calor del hogar, la acción pura, la sumisión y la aceptación de protección ante Zeus, en lugar de mantener su independencia.

Pasó de ser una diosa guerrera a ser una diosa policial que sancionaba los malos comportamientos, es decir, se convirtió en una diosa reprimida y represora del sexo, algo que en Roma se puso de moda a partir de Octavio Augusto, tanto, que sus sacerdotisas, las vestales, más que virginales eran prácticamente asexuadas, y sus seguidores, para reprimir del todo su sexualidad, se castraban delante de la diosa en devocionales y tremendos rituales, con lo que, una diosa llena de vitalidad dejó de patrocinar la pasión y pasó a patrocinar la fertilidad casta y pura, la reproducción sin necesidad de sexo, algo por lo que han apostado, gracias a las diosas infructuosamente, las grandes religiones que en el mundo han sido.

Como siempre he dicho y escrito, la verdad es que Vesta fue, es y seguirá siendo, fuente ardiente del mundo, maga y creadora de realidades, capaz de mover la rueda del universo.

Isis

Isis, nombre griego de la diosa egipcia Ast (Asiento), está en tercer lugar porque aunque quizá sea la más importante de todas las diosas, desde un principio estuvo asociada a la maternidad, a la fertilidad y la magia a partir de un segundo plano, porque era esposa y hermana de Osiris, al que reconstruye, y madre de Horus.

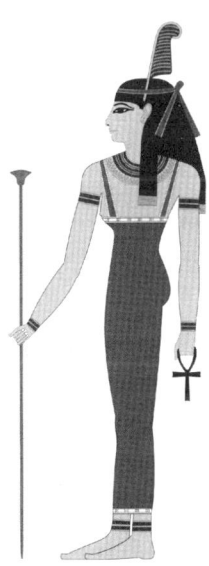

Isis, la Reconstructora de Osiris

El culto rendido a Isis quizá fue el más popular durante siglos en Egipto, Grecia y Roma, y, para algunos, su culto continúa vivo en el cuerpo de algunas vírgenes católicas repartidas por todo el mundo, además de contar, por supuesto, con nuevos grupos que se han ido creando alrededor de su figura.

Isis es la primera gran diosa madre, con una virginidad que va más allá de la concepción, porque no es un virginidad física; por tanto, no es extraño que a partir de ella se hayan construido los mitos de las diosas madre, de las vírgenes que albergan en su vientre a los mesías por venir, y entre ellas a la virgen católica.

De Egipto pasó a Grecia, no sin antes extender su culto por todo Medio Oriente, hasta llegar a Roma, donde se la consideraba diosa de la fortuna y era muy seguida por el pueblo, si bien es cierto que no tuvo los templos que tuvieron otras diosas, entre otras cosas, porque a las élites romanas no les gustaba una diosa que estuviera emparentada en cierta manera con Cleopatra, una mujer poderosa y de sexualidad libre que había seducido al mismísimo César y a su lugar teniente Marco Antonio.

A pesar de todo, el culto a Isis duró hasta el siglo IV en Roma, y sus templos compartieron feligreses con los de Vesta y con el catolicismo emergente, que finalmente absorbió a las diosas antiguas y erigió iglesias sobre sus templos

Isis era una diosa de leyenda a nivel popular que no casaba muy bien con los nuevos valores del catolicismo romano.

Por ejemplo, practica el incesto, algo muy normal entre los dioses de la antigüedad, al casarse con su propio hermano, Osiris, padre de su hijo Horus, algo nada bien visto en una sociedad que está en contra de la promiscuidad y de la libertad sexual.

Plutarco en su libro, *De Isis y Osiris*, cuenta cómo Isis recompone los catorce trozos del cuerpo de Osiris que su malvado hermano Seth, el cocodrilo, esparció en el Nilo, devolviéndole la vida con la ayuda del dios Anubis y la diosa Neftis, prestando especial atención al pene de Osiris, algo nada cómodo para la nueva moral cristiana, ni para la moral de los romanos.

Más allá de estas y otras leyendas, la teosofía consideró que esa Isis popular no era más que una de sus manifestaciones, y que detrás de ese velo había otra Isis, la que iba dando luz a la humanidad sobre el lomo de Apis, el dios buey, como una comadrona que abre las entrañas de la Tierra para que sea posible la vida en este planeta.

La Isis sin velo va más allá de las convenciones sociales y sistémicas de interpretar el papel de madre, hija y hermana, es decir, más allá del papel tradicionalmente secundario de la mujer que tan bien le ido a las estrategias del patriarcado, y que muchas mujeres, adoctrinadas, hayan tomado el papel de sumisión como algo propio, normal y hasta sagrado.

PERSÉFONE

Perséfone fue raptada por Hades para convertirse más tarde en su esposa, dios de los muertos. Cohabitará con él en invierno, y en la primavera volverá al mundo de los vivos para reunirse con su madre Deméter. Como Isis, se convierte en la pareja de un dios del más allá, su contrario complementario, pero su habilidad y su capacidad de transformación para ser dos en una pasando del frío invernal al calor primaveral, le confiere una característica distinta, más activa e independiente.

El rapto de Perséfone

Perséfone guarda las columnas del templo, y pasa del más allá al más acá, convirtiéndose en mensajera de los dioses y en canal y puente de contacto entre dos realidades, entre dos mundos. Perséfone es, en este sentido, una gran sanadora del cuerpo y del alma, conocedora del destino final de las mujeres y de los hombres. Seduce a Hades y, finalmente, lo domina.

Sí, Perséfone comienza su andadura como víctima, pero para terminar siendo el centro de atención y dueña de su destino, gracias a sus habilidades, a su diligencia y a su inteligencia, capaz de cautivar y ejercer su voluntad por encima de Hades.

LILITH

Lilith tiene muchas interpretaciones, por un lado es la diosa de la cara oculta de la Luna, la primera de entre todas las mujeres, creada a imagen y semejanza de los dioses, y no a partir de una costilla, primera pareja en igualdad de condiciones del primer hombre, y no inferior ni sumisa; y por el otro es la madre de los vampiros, las arpías y las brujas.

Lilith es mujer y diosa a la vez.

Lilith, la Mujer y Diosa de la Sexualidad

Lilith actúa como una persona y no como un disfraz de lo que se supone que debe ser una mujer, y expresa sus instintos y sus pasiones sin represión alguna, segura de sí misma y completamente desinhibida, y eso, cuenta la leyenda, hace enfadar a los dioses que la condenan a la oscuridad del lado oculto de la luna, pero, como buena rebelde, jamás se ha entregado a ese destino oscuro más que en los cuentos de miedo que se le relatan a los niños para que no se porten mal y obedezcan a sus padres.

La Lilith sumeria nace como un demonio femenino, que, con el tiempo, va creciendo y evolucionando hasta tener los poderes propios de una diosa: nace de lo más bajo, pero eso no le impide elevarse hasta lo más alto. Lilith aparece en la Biblia (Isaías, 34) como antítesis de la abnegada Eva.

Para desacreditarla se decía que vaga de noche por el mundo para seducir a hombres que duermen y matar a sus hijos, a ellos usándolos sexualmente hasta dejarlos secos, y a los hijos comiéndoselos a bocados.

Como a las arpías, se le representa con alas y garras, rodeada de búhos y chacales, para señalarla y estigmatizarla como un ser terrible, pero, lejos de lograr que perdiera adeptos, la destacó como una diosa poderosa y rebelde que no se sometía a las imposiciones de las divinidades patriarcales.

Esta diosa no es realmente un demonio, sino ese tipo de mujer que tanto temen los hombres de nuestras sociedades desde hace miles de años, porque es un tipo de mujer independiente, sexualmente activa y fuerte, rebelde ante la opresión y nada sumisa. No le hacía falta proclamarse feminista ni arriar banderas para ser aceptada tal y cual era.

HERA

A Hera se le conoce principalmente como esposa de Zeus, y por eso se le señala y significa como diosa del matrimonio, y, casi se podría decir, de las telenovelas, de los dramas de folletín, y hasta de la dependencia de las mujeres con respecto a los hombres, ya que engañada en repetidas oportunidades por el dios, se entrega a los más retorcidos planes de venganza: vuelve loco a Dionisos; envía serpientes para matar a Hércules; impide el alumbramiento de Leda fecundada por Zeus disfrazado de cisne; patrocina y protege a dioses y héroes que han caído del favor de Zeus; y todo ello para acabar reconciliándose con unos y otros, y, en cierto sentido, para conservar a Zeus como su pareja.

Hera, la Diosa Esposa

No es difícil despertar la misoginia de los griegos con diosas maliciosas y vengativas, pero Hera no es solo drama casi romántico, Hera también es una diosa cazadora, guerrera y hábil estratega, capaz de dirigir e inspirar ejércitos.

Es una diosa generosa y dadivosa, pero no tonta, por eso si se sacrifica lo hace con un sentido, y si se arriesga lo hace para ganar, no para quedarse en la cuneta quejándose y buscando la ayuda de un ser superior que la venga a rescatar, porque no lo necesita.

Por otra parte también representa a las mujeres a las que les gusta tener hogar y pareja, las tradiciones familiares y la armonía y salud de los suyos, donde ella es la que manda y dirige, que no tiene por qué estar reñida con la libertad de acción y pensamiento, y que tampoco disminuye el poder femenino que las mujeres llevan dentro de su alma y de su corazón.

IEMANYÁ (O YEMANYÁ)

Originaria de lo que hoy conocemos por Nigeria, llegó hasta las tierras americanas traída por los esclavos que creían en ella desde lo más profundo de su ser, y que a golpe de tambor la protegió de las cadenas de los esclavistas.

Iemanyá Orisha (la mujer divinidad) pasó de ser señora del bosque y de las flores a ser la señora de los mares, y de encarnar a las fuerzas femeninas de la caza, la pesca y la recolección, pasó a encarnar la maternidad y el hogar.

Pertenece a la religión Umbanda y Yoruba, pero no es raro encontrarla en todo tipo de cultos a lo largo y ancho de Latinoamérica y el Caribe, sobre todo en los que sincretizan creencias africanas, nativas americanas, católicas y cristianas.

Iemanyá, sobre todo en las islas y en los pueblos de mar y playa, es la diosa que reina en el mar, protectora de barcos y pescadores, dueña de los frutos que puedan dar mares, ríos y lagos, sigue recibiendo la adoración de los afroamericanos de Uruguay.

Iemanyá, la Diosa Protectora
de los esclavos yoruba

Curiosamente, se le asimila con la Virgen de la Candelaria, la diosa de las veladoras y la llama mágica, pero más de montaña que de playa, sobre todo en Brasil donde su culto está muy extendido tanto en la costa como en el interior.

También se le asimila a la Virgen María bajo la advocación de *Stella Maris*, patrona de los navegantes, marineros y pescadores.

En la actualidad, muchos rituales mágicos están dedicados a la Iemanyá, y en las fechas señaladas no son pocas las brujas, así como las personas normales, que lanzan en la playa y sobre la espuma del mar velas y flores para ofrendar a la diosa.

79

Se dice que la Iemanyá es virginal, pero no porque carezca de sexualidad, sino porque es pura y franca en todos sus actos, y nunca ha dicho mentira ni hecho falsas promesas, por lo que no se ha manchado nunca y sigue siendo casta con respecto al apego de la verdad, aunque esa verdad a veces duela.

AFRODITA (O VENUS)

Afrodita, es diosa del amor y la belleza, pero también del equilibrio, de la estética e incluso de las cuentas y de las antiguas matemáticas, porque también cuenta con una mente pragmática.

Afrodita, Diosa del Amor y el Equilibrio

A veces puede parecer fría y calculadora, pero su rostro sensual desvela su naturaleza valiente, arriesgada y apasionada.

La leyenda cuenta que Afrodita nació de la amarga espuma del mar, justo dónde había caído el miembro viril de Urano tras ser cortado por la hoz de su propio hijo, Cronos. Nada más nacer se dirigió a la isla de Chipre, donde se construyó uno de sus principales santuarios.

Fue esposa del dios herrero Hefesto (Vulcano), pero eso no le impidió entregarse al fogoso y apuesto Ares, dios de la guerra, lo que le ganó ser considerada la patrona de los amores furtivos en un principio, para convertirse en la protectora de los amores imposibles, después, cuando el adulterio empezó a ser considerado una falta grave.

Cuentan que influyó sobre la dulce Mirra para que cometiera adulterio, lo que le costó a Mirra convertirse en la planta mágica y aromática que todos conocemos, y, como planta, parió al bello Adonis, quien más tarde tendrá relaciones con Afrodita en aquellas eras en las que el incesto no era pecado ni estaba prohibido.

Esta diosa se da, pero no se entrega, porque sabe compartir sin perderse ni a sí misma ni a las posibilidades que le pueda ofrecer la vida.

Ama profunda e intensamente, pero eso no le hace perder ni si carácter ni su personalidad, ni le priva de vivir, aprender y experimentar, y nos recuerda que nadie le pertenece a nadie, porque todos somos únicos e irrepetibles, seres independientes, y no satélites ni vejigas de otras personas, por mucho que formemos pareja o familia con ellas.

COYOTLXAUTLI

No todas mis diosas favoritas son europeas, porque las mujeres somos tan diversas como las culturas del mundo. La leyenda sobre esta diosa singular comienza en la Casa Mayor de los Dioses, donde, como fiel devota de la adoración a Huitzilopochtli, el salvador prometido y Mesías esperado, Tonantzin (o Coatlicue, dependiendo de la fuente) realizaba varios servicios voluntarios. En una ocasión en la que Tonantzin se encontraba sola en el Templo Mayor, escuchó una voz del cielo que le dijo que ella sería la mujer que diera a luz precisamente al esperado Huitzilopochtli.

Coyotlxautli, Señora de la Luna

Todo iba bien hasta que la Coyotlxautli, su propia hija, se percató de su extraño embarazo, y la señaló por ello, ya que una virgen como la Tonantzin, sin marido por aquel entonces entre los dioses, tenía que haber cometido adulterio para poder quedar embarazada, y pidió que se condenara a su disoluta madre a morir a pedradas.

La propia Coyotlxautli era madre de cuatrocientos hijos, que le ayudaron a capturar a su madre.

Tonantzin se escondió en la Casa Mayor de los Dioses, pues allí fue a donde una voz procedente de su vientre le indicó que se ocultara y le prometió que la protegería contra cualquiera que intentara hacerle daño. Coyotlxautli, por su parte, logra entrar a la Casa Mayor de los Dioses con sus cuatrocientos hijos, propiciando que su madre diera a luz en ese instante del susto a un dios vestido con ropas de guerra, escudo de piel y espada de pedernal: Huitzilopochtli en persona, quien da muerte a su propia hermana, la Coyotlxautli, desmembrándola y esparciendo sus extremidades por todo el mundo.

Ante esta situación, sus hijos intentan vengar su muerte, pero todo es inútil, ya que la fuerza descomunal de Huitzilopochtli los arroja uno por uno al cielo, siendo incrustados en este, convirtiéndose en estrellas y constelaciones del firmamento azteca.

La Tonantzin se pone triste por la pérdida de su hija, y con las lágrimas del perdón la recupera, para que, más tarde, se convierta en la esposa del esperado Huitzilopochtli, y nazca la humanidad.

La Coyotlxautli resucita, vencedora de la muerte, para ser una de las madres del mundo, rebelándose contra un destino que la tenía apartada, fragmentada y relegada para que no siguiera su sendero divino.

Temida por unos, esperada por otros, hasta que por fin fue descubierta y restaurada mostrando la realidad de su existencia.

Coyotlxautli es paradoja y contradicción creativa, como somos muchas mujeres, porque sin conflicto no hay movimiento ni capacidad de experiencia, convencimiento y conocimiento, de la misma forma que sin caos no hay orden.

DEMÉTER

Deméter es una titánide, diosa de diosas y madre de madres, que lucha desde las moradas celestiales para que la vida se abra paso en la Tierra.

Segunda hija de Cronos y Rea, se instala en el Olimpo junto con la nueva horneada de dioses comandados por Zeus, y desde su trono da paso a una nueva humanidad, ayudada por los titanes se opone a que Zeus destruya a los seres humanos, como el titán Prometeo, quien paga caro el atrevimiento de dar el fuego y la esperanza a los hombres, mientras que Deméter se encarga de enseñarles a cultivar el trigo para que Zeus no los mate de hambre, un cereal que será base de las civilizaciones occidentales desde entonces hasta nuestros días.

Deméter, Señora del Trigo Germinal

Deméter mantiene una sorda lucha con Zeus, pero no es una diosa de enredos, sino una de firmes creencias que conoce el valor del sacrificio útil, por lo que al final siempre consigue la mediación del señor del Olimpo, que la ayuda a recuperar cada primavera a su hija, Perséfone, que había sido raptada por Hades.

Deméter es la diosa espiritual que abre las puertas del infierno para salvar a los condenados; la diosa de los peregrinos; la diosa de los rectos creyentes; siempre emparejada con Perséfone, su hija, para traspasar las columnas mágicas del Templo donde los elegidos recibirán la iniciación tras recibir la revelación de los misterios de Eleusis.

Todo lo que germina está en sus manos, y la humanidad siempre está germinando.

Todos los que buscan algo en este y en otros mundos son arropados por Deméter, para que encuentren finalmente el camino correcto.

Más allá del sufrimiento de la pérdida, Deméter representa el regocijo del encuentro y del reencuentro, así como la capacidad de emprender acciones para conseguir los objetivos, con lo que la sororidad entre mujeres es mucho más antigua de lo que mucha gente supone.

GAIA (O GEA)

El poder femenino radica en ella, por eso con esta diosa me extenderé un poco, porque es la Diosa de las Diosas, la más duradera y la más elevada, y porque, entre muchas otras cosas, representa a nuestro planeta y a todo lo que hay sobre la faz de la Tierra. Ya en *La Teogonía*, Hesíodo cuenta cómo, tras el Caos, surgió Gaia (Gea), la de los grandes pechos, la madre eterna paridora de los primeros dioses, de todos los seres míticos, y, por supuesto, de la misma Tierra que ella representa y de todo lo que hay en ella.

Gaia, la Diosa Madre del Mundo

Como buena diosa primordial, de sí misma, de su propio ser, sin sexo y sin unión de amor ni pareja, da a luz a Urano, el dios del cielo estrellado, que se convertirá en su igual. También da a luz a Ponto, el dios de las más oscuras profundidades del mar, y con este nacimiento completó lo más alto y lo más profundo de este mundo.

Más tarde, y esta vez sí uniéndose sexualmente a Urano, hijo y consorte, engendra a los Titanes: Océano, Ceo, Crío, Hiparión y Jápeto; y a sus parejas, las Titánides Tea, Rea, Temis, Mnemosina, Febe y Tetis.

Gaia, además, es la Pacha Mama de occidente, para recordarnos la universalidad de las dioses madre primigenias que dieron a luz a la especie humana y al planeta en el que vivimos, mucho antes del nacimiento de los dioses masculinos.

Tras ellos nació Cronos (Saturno), el astuto, el más joven y el más terrible de sus hijos, quien tuvo celos y odio desde un principio a Urano, su padre, al que tachaba de lujurioso por mantener relaciones sexuales con otras diosas y también con su madre y hermana, Gaia, quien concibió más descendencia de Urano, como los cíclopes, gigantes de un solo ojo: Brontes (el que truena), Estéropes (el que da el rayo) y Arges (el que brilla); y a los hecatónquiros, tres hijos horribles de cien manos y cincuenta cabezas: Coto, Briareo y Giges.

Urano se avergonzó de los deformes cíclopes y hecatónquiros, y decidió encerrarlos en el Tártaro, el mundo de las profundidades y la oscuridad, donde no pudieran ver la luz, y se regocijó de haberlo hecho.

Gea, a pesar de todo, los amaba, así que incitó a los titanes a que se rebelaran contra su padre, pero Urano era muy poderoso, los venció y también los confinó junto con sus feos hermanos en el Tártaro. Gea fue a rescatarlos con la ayuda de las titánides. Sin embargo, una vez liberados, los cíclopes atacaron a los titanes y los hecatónquiros a las titánides, celosos de su belleza.

Gea se vio entonces obligada a encerrar por su cuenta a cíclopes y hecatónquiros, y tras hacerlo pidió ayuda a sus hijos, los titanes, para vengarse de Urano, pero solo Cronos estuvo dispuesto a enfrentarse con su padre.

Cronos encontró a Urano en los brazos de Nix, con la que había engendrado a Tánatos e Hipnos, y sin darle tiempo a reaccionar de los efluvios del amor le castró con una hoz de pedernal que le había dado la misma Gea, y lanzó al mar los testículos y el pene de su padre.

Al salpicar con la sangre de los testículos de

Urano a la Tierra, surgieron los Gigantes con armadura (más tarde destruidos por los dioses con la ayuda de Heracles), las Erinias y las Melias (ninfas de los fresnos). Del semen del pene de Urano arrojado al mar, se produjo la famosa espuma de la que nació Afrodita. Cronos completó la venganza de su madre y su propia traición encerrando a Urano, su padre castrado y vencido, en el Tártaro junto con los cíclopes y hecatónquiros, sus hijos repudiados.

Por haber destronado a Urano, su padre, Cronos quedó destinado a ser destronado más adelante por uno de sus hijos. Para evitar tal destino, Cronos devoraba a sus hijos tan pronto como estos nacían.

Gea, preocupada por la locura de su hijo, le dio a su nuera una idea: "Envuelve esta roca con las ropas de tu próximo hijo", entonces Cronos se tragó la roca pensando que devoraba a un nuevo vástago, y Rea pudo criar en secreto a Zeus, quien más tarde, como estaba predicho, destrona a Cronos y reina en el Olimpo

Gaia, tras perder a Urano, tuvo relaciones e hijos con Tártaro y con Ponto, y también con Zeus, de quien pare a un gigante. Pero no todo fueron relaciones con el sexo opuesto, también hizo inmortal a Aristeo y fue patrona del Oráculo de Delfos durante mucho tiempo, hasta que traspaso sus poderes y la responsabilidad a Apolo, no sin antes haberlo castigado convirtiéndolo en pastor, con la ayuda de Hera, durante nueve años por haber matado a otro de sus hijos, Pitón, heredero natural del Oráculo de Delfos. Gaia daba, pero también castigaba, por eso, los juramentos prestados en nombre de Gaia eran sagrados y respetados.

A Gaia no le importaba su edad para seguir teniendo amantes e hijos. Por eso, y por muchas otras cosas, Gaia es longevidad activa y productiva.

Y, en fin, como ya he dicho y escrito tantas veces antes, Gaia es la vida, la Tierra, el Cosmos hecho mujer, la Naturaleza misma y todo lo que pasa en ella y entre sus criaturas, los seres humanos.

ATENEA

Gran representante del poder femenino desde el inicio de la cultura occidental, Atenea es la Diosa de la astucia y la sabiduría, no en vano Atenea es uno de los símbolos de la emancipación de la humanidad que, poco a poco, aprende a moverse sin depender de los dioses, y es que con Atenea nacen el descubrimiento y la razón más allá de las voluntades divinas, así como el traspaso de la responsabilidad de este mundo de las espaldas de los dioses a las espaldas de los hombres.

Atenea, Diosa guerrera de la Sabiduría

Atenea diosa prudente, y a la vez guerrera y casta, nació de la cabeza de Zeus luego de que este se tragó a su esposa Metis por el temor a que se cumpliera un vaticinio de Gaia y Urano que aseguraba que uno de sus hijos concebido con Metis lo derrocaría. Zeus nunca creyó que, en cierta forma, Atenea le derrocaría de otra manera, pero pronto supo que su hija, si bien era prudente, no era del todo obediente y blandía y gozaba de cierta autonomía para hacer su voluntad y no la de su padre.

Por ejemplo, Atenea protege a Ulises en su viaje a Ítaca contra la voluntad de otros dioses, como Poseidón, Hades y el mismo Zeus, usando todo tipo de estratagemas. Por otra parte, protege y ayuda a Heracles (Hércules) en sus doce trabajos, y de él recibe, en agradecimiento, las manzanas de oro de las Hespérides.

También le da vida eterna a Aristeo, su hijo, al que tuvo con Hefesto a pesar de mantenerse virgen, pero no lo entrega al mundo, con lo que se convierte en una de las primeras madres solteras. Aristeo no nace de su vientre, sino de una mancha de semen que Hefesto derrama sobre la pierna de la diosa en su intento fallido de poseerla, que ella se limpia y arroja al suelo, y de ahí es de donde nace Aristeo, y lo adopta como si fuera completamente suyo y nada de Hefesto, dándole la vida eterna y guardándolo en un cofre para sí.

Guerrera y casta, independiente de todos y de todo, es amiga de la música y de la poesía, pero más del pensamiento y de la filosofía. Atenea influye en el pensamiento de los hombres para que sean más inteligentes, los anima, los ayuda y los inspira, tanto en sus reflexiones como en sus construcciones, como la del barco más grande y funcional de la antigüedad, el Argos, barco de los argonautas.

Atenea es una revolucionaria, una diosa original y distinta, nada dedicada al hogar y a los hijos, sino a crecer como diosa y a mover la rueda de la fortuna y los hilos de la vida para que la humanidad y sus protegidos progresen.

Entre otras cosas, se le atribuye el descubrimiento del aceite de oliva, y el haber enseñado a los hombres a cultivar y procesar las olivas.

La diosa Atenea, patrona excelsa de la ciudad de Atenas, que es donde precisamente nació el patriarcado reglado, junto con la filosofía de autoayuda y moralista, era capaz de tomar todas las formas físicas que quisiera para ayudar a sus protegidos y para conseguir sus fines, lo que nos indica su capacidad de adaptación a cualquier tipo de medio.

SHAKTI

El manto eterno de Shakti es promesa de gozo, sensibilidad pura ante los placeres, capacidad creativa, éxtasis ante la belleza, pasión hecha emoción, danza de la vida y de la existencia sin temer a los más deliciosos placeres terrenales que todo mundo merece y debería cultivar, porque ello no solo no le aleja de la divinidad ni de la espiritualidad, sino que le acerca a ellas.

Según Heinrich Zimmer, en *Mitos y símbolos de la India*, Shakti es "el lado protector del mundo, femenino y maternal del Ser Último; como tal, representa la aceptación afectuosa de la realidad tangible de la vida. Soportando el sufrimiento, el sacrificio, la muerte y las privaciones que aguardan a toda experiencia de lo transitorio, goza el delirio de las formas manifiestas. Es el gozo creador de la vida. Es la belleza, la maravilla, el atractivo, la seducción del mundo viviente".

Shakti, el Manto del Mundo

Shakti es también la esposa de Shiva, con el que hace el amor constantemente, del que vela el sueño eternamente y al que le cuenta miles de historias para que no abra los ojos, despierte o levante el manto con el que nos protege, un manto de Maya bajo el que guarda a la humanidad y al universo que la humanidad conoce, y que tarde o temprano Shiva levantará, despertará, abrirá los ojos y todo lo que los humanos hemos concebido, creado, creído e inventado desaparecerá como si nunca hubiera existido, junto con el universo que nos rodea.

Shakti es la diosa de la danza y del arte que inspira a los humanos para que vivan más intensamente bajo su manto. Shakti es la diosa de la ilusión de la vida, que sabe que los humanos no somos más que un sueño de Shiva, y que nos cuida porque le somos gratos cuando gozamos o cuando superamos nuestros sufrimientos y ansiedades: un sueño grato que ella comparte con su amante, y que nos transmite a través de las libaciones y la exacerbación de los sentidos, cerrando así la rueda de la ilusión de la vida sobre nosotros reencarnación tras reencarnación, desde el principio hasta el final de los tiempos.

La diosa Shakti es un universo de sensaciones inconmensurables que nos invita a disfrutar intensamente de la experiencia vital en todos sus planos y en todos sus sentidos hoy, aquí y ahora mismo, en este momento, sin esperar al mañana que nunca acaba de llegar, porque al final de todo la vida no es más que el sueño ilusorio del que una se puede despertar en cualquier momento.

XOCHIQUETZAL

El milagro de la manifestación de la vida que sorprendió a nuestros antepasados cuando tomaron conciencia de ser y de estar, encuentra su mayor expresión en las semillas y en las flores. Cada primavera, cada cambio de estación, cada morir y renacer, cada aparecer y fenecer, en la rueda eterna de la existencia, está unido a esta diosa.

Xochiquetzal, es la diosa azteca de las flores y el amor: de las flores rojas de la pasión y de las flores rosas de la ternura; de las flores amarillas del lucimiento y de las flores naranja de la curación; de las flores moradas de la intuición y de las flores blancas de la elevación.

Xochiquetzal es la diosa de la primavera, del inicio de toda empresa, de la fertilidad y el crecimiento, y de la magia activa y transformadora.

Xochiquetzal, Señora del Florecimiento Humano

Ella domina a las serpientes y ata las lenguas en contra de la maledicencia; ama la libertad y la sinceridad, y a pesar de su bello y frágil aspecto es capaz de arrostrar cualquier peligro y de salvar cualquier problema, por eso de su boca emergen cánticos de alegría que se convierten en flores, como las silvestres que se abren paso en cualquier lugar y en cualquier estación por duro que sea, o como las cultivadas que logran la meta de la mayor hermosura e inundan de bienes con su aroma todo lo que tocan.

La Xochiquetzal puede manifestarse tanto en el árido desierto como en la selva más frondosa, y es capaz de mantenerse y sobrevivir a pesar de todos y de todo, para renacer de nuevo cuando los tiempos le sean propicios, por lo que además es la diosa de la paciencia y de la oportunidad precisa.

NUT

El manto egipcio de la noche también puede ser revelador y luminoso, pues en él brillan todas las estrellas y nos muestra su mejor cara la Madre Luna, haciendo transitables los caminos más difíciles caminos por lo menos tres días al mes. La oscuridad nunca es del todo oscuridad, sino simiente creativa, intimidad, regocijo interior, refugio y descanso.

Nut protege y guarda, calienta y da cobijo a los perdidos, a los pobres, a los desconsolados. Nut, diosa del cielo, con su pecho desnudo ofrece alimento y consuelo a los difuntos, para que no desfallezcan en su camino hacia los campos Elíseos de la salvación eterna. Nut se extiende de un extremo a otro de la bóveda celeste para no dejar sin su protección a nada ni a nadie.

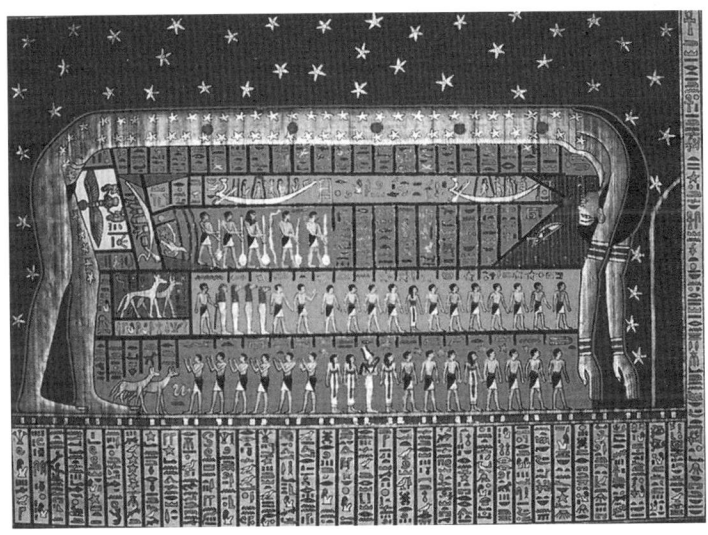

Nut, la Diosa del Cielo Nocturno

Nut inspira y reparte habilidades, pero también guarda, cuida y administra la luz de las estrellas para que no falten nunca y sirvan siempre de guía a los videntes y a los viajeros.

Nut rasga las oscuridades de la noche, pero también sabe dar sombra para que se mantenga oculto aquello que no se puede ni se debe desvelar, y también aquello que se debe mantener a salvo de miradas indiscretas, de envidias y de malos deseos.

Esta diosa, referente de la Vía Láctea en la cultura egipcia, es imaginativa y creativa, ama las fantasías pues de ellas nacen la realidad del mañana, por lo que el pasado, el presente y el futuro siempre están en ella y en nuestra alma.

KALI

La poderosa, amada y temida, Kali, la de los cuatro brazos, es la diosa hindú de la muerte y la destrucción, del más allá y de la resurrección. También es una diosa de varios rostros, a veces ceniciento y tiznado de negro, con facciones grotescas o incluso de calavera, y otras de una belleza arrebatadora. Kali no teme al bien ni al mal, y danza sobre los cadáveres de los enemigos vencidos, de la misma manera que danza voluptuosa para ser el centro de atención y del amor.

Su madre es la gran diosa hindú de la guerra, la terrible Durga, la cual, una noche de ira dio luz a Kali llena de rabia, y Kali nació pronunciando el mantra sagrado uum con una potencia de voz tan tremenda, que acabó con un ejército entero de demonios. Por esa y por muchas proezas más, los seguidores de Kali eran temidos en toda la India.

Kali crea estrategias tanto para vencer a sus enemigos como para convencer a sus amigos, y también para llegar a donde desea y para conseguir lo que quiere, sin importarle las vueltas que tenga que dar para llegar a su objetivo.

Kali, señora de la muerte, conoce los sentimientos y los pensamientos de los hombres y los dioses, por eso su voz y sus palabras son tan temidas como queridas. Puede recitar lo más hermosos y seductores poemas, pero también los más terribles conjuros.

Kali, la Diosa de la Muerte

Kali es una amante exigente, por eso le huyen y le temen los hombres, pero también es toda entrega. Kali es sabia, y por eso desprecia la ignorancia, aunque, eso sí, siempre está dispuesta a enseñar y a aprender, y no le duele cambiar de pensamiento o decisión si se siente gratamente convencida y complacida; y, de la misma manera que mata, es capaz de curar todos los males de la mente, el cuerpo y el alma.

Es muy amiga de sus amigos, pero también una terrible enemiga para sus enemigos, a los que es capaz de destruir de un solo grito sin que le tiemble el alma, la mano ni el aliento.

HÉCATE (O ÉCATE)

Diosa lunar por excelencia, Hécate pasa por varios estadios dependiendo de las fases de la luna, e influye a los seres humanos desde lo alto a través de las fases de la Luna. Por eso, a menudo se le representa con triple rostro, un atributo relacionado con la tres fases lunares de la antigüedad: Luna Nueva (luna llena para nosotros), Luna Joven (en fase creciente), y Luna Vieja (en fase menguante), sin contar con la Luna Negra, porque para la mítica arcaica simplemente no había Luna en la fase más oscuro de la luminaria.

Hécate nace como diosa benigna, maternal y protectora.

Luego, se convierte en diosa de la hechicería y reina diosa de las brujas.

Para, finalmente, ser una diosa anciana, y por tanto sabia, que todo lo siente, todo lo sabe, todo lo adivina, todo lo descubre y todo lo conoce.

Hay quien asimila a Hécate con Lilith, y la sitúa en la parte oscura de la Luna, sobre todo cuando se le relaciona con el sexo y la hechicería, pero también hay quien tan solo la señala como diosa de la preñez, siendo la Luna Negra cuando se concibe o se logra el embarazo, y Luna Llena cuando se da a luz. Iconográficamente estas diosas no tienen nada en común, pero sí simbólicamente.

Hécate fue amiga de Deméter y protectora de Perséfone, y comadrona espiritual y física de diosas y humanas, no en vano se le rendía culto para que el ganado fuera prolífico y las cosechas abundantes. Todavía hoy en día hay quien siembra y cosecha con éxito siguiendo los rostros de Hécate.

Hécate, Diosa Lunar de la Magia Eterna

Medea, la enamorada de Jasón, es su principal discípula en las artes de la brujería, tanto, que hay quien la considera más hija de Hécate que de Circe, la otra gran hechicera de la mitología.

De una o de otra manera, para muchas brujas Hécate es la patrona de los aquelarres y diosa de todas las magas, meigas, brujas, hechiceras, curanderas y visionarias.

Esta diosa está presente en la psique de todas y cada una de las diosas, y de cada una y de todas las mujeres sin faltar ninguna, porque es vehículo indispensable de creación, transformación, concreción y vida, como todas las hembras de este planeta y de esta vida.

ARTEMISA (DIANA CAZADORA)

Por supuesto, Artemisa es la diosa de los cazadores y de las amazonas, fuerte, armada y decidida, capaz de derrotar ejércitos ella sola y de hacer el trabajo de cualquier dios por fuerte que este fuera.

Se mantiene virgen, pero no por una cuestión de pureza moral, sino porque el sexo no le parece trascendente ni importante, y para ella el amor no tiene por qué tener relación con el sexo. Ella ama más allá de la carnalidad, y tiene una carnalidad apasionada que no mezcla con el amor.

Artemisa, Diosa Salvaje y Cazadora

Artemisa es hija de Zeus y Leto, y la hermana de Apolo, el dios del sol. Además de su carácter de cazadora indómita, es diosa de la fertilidad cuyo poderío se ejerce sobre la Luna, ya que sin la luz solar de Artemisa, la Luna no quedaría preñada.

No es una diosa paridora, pero sí muy maternal con sus protegidos a los que toca con el don de la fertilidad. La Artemisa de arcaica es representada con mil senos, símbolo de las nodrizas; mientras que la Artemisa griega aparece como una amazona; en ambos casos aparece como una diosa poderosa y potente, a la vez que generosa y dadivosa.

Artemisa, como diosa de la naturaleza salvaje y del bosque sagrado y misterioso, protege a los viajeros y a los peregrinos, así como a los aventureros que se atreven a ir más allá de sus fronteras. Pero Artemisa también es reina y princesa, dignidad y prestigio, hija y hermana de dioses, pero que brilla con luz propia.

No carga equipaje, pues ella lleva todo lo que necesita encima, dentro de sí misma, en su propia esencia, más que en los afeites externos, por eso su belleza es pura, natural y a veces lujuriosa y brutal, y no el resultado de una apariencia, de un maquillaje, ni de un disfraz afeminado. Hembra por los cuatro costados.

CHALCHIUHTLICUE

Chalchiuhtlicue es una diosa arcaica que moró en los Cielos y en la Tierra hace mucho tiempo, llenando los mares, los lagos y los ríos con sus propias lágrimas si hacía falta, para fertilizar los campos, los bosques y las selvas.

Chalchiuhtlicue es la diosa azteca del agua, incluso antes de que Tlaloc se ocupara de estos menesteres. Se cree que generó el diluvio que destruyó a gran parte de la humanidad prehispánica al finalizar el Cuarto Sol.

Cuenta la leyenda que los dioses, hartos del comportamiento bruto y estúpido de los varones, pensaron en acabar con la humanidad por cuarta vez, esta vez con la furia implacable de las aguas. Antes ya la habían castigado con el fuego, la piedra y el aire, pero siempre había existido algún dios o diosa que se apiadaba de los seres humanos, como Quetzalcóatl, que incluso se puso en contra de otros dioses y diosas para salvar a la humanidad.

Chalchiuhtlicue, Diosa del Agua Primordial

Esta vez fue la propia Chalchiuhtlicue quien tomó medidas para que sobrevivieran algunos elegidos mientras ella acababa con el resto, para ello construyó un puente entre el Cuarto y el Quinto Sol, para que sus protegidos pasaran de una Era a otra Era sin mojarse.

En agradecimiento, sus fieles le erigieron templos y le hicieron ofrendas, intentando mantenerla contenta para que no volviera a inundar el mundo, aunque, según la leyenda, fue relevada del cargo de hacer llover por no haber cumplido con la voluntad de exterminio de los hombres, así que ella solo se quedó con el agua sucia, pero muy fertilizadora, y con ella siguió favoreciendo a sus fieles, entre los que se contaban viajeros, comerciantes, campesinos, artesanos, bailarines y poetas, así como todos aquellos que querían ser protegidos de las inclemencias del tiempo por realizar sus labores al aire libre.

Esta diosa, que fue terrible en su Era, con cara de calavera y cuerpo de animal, poco a poco se convirtió en una diosa laboriosa que buscaba solución y salvación para todos los problemas, porque al fin y al cabo toda destrucción trae consigo una restauración, y todo cambio doloroso trae una enseñanza y una transformación.

BASTET

La hermosa, misteriosa y enigmática Bastet, la diosa de los tres amores, el carnal, el matrimonial y el espiritual, era hija del dios de cabeza de león, Mihos, y por eso nació con aspecto de gata, pero se transformaba a placer en la más hermosa de las mujeres.

Bastet fue diosa de los placeres y la abundancia, pero pocos dioses se le acercaban cohibidos tanto por su belleza como por su sexualidad insaciable. Cuenta la leyenda que Bastet se comía los genitales de los amantes que no la satisfacían. Sus múltiples fieles le dedicaban todo tipo de fiestas placenteras y orgías para tenerla contenta.

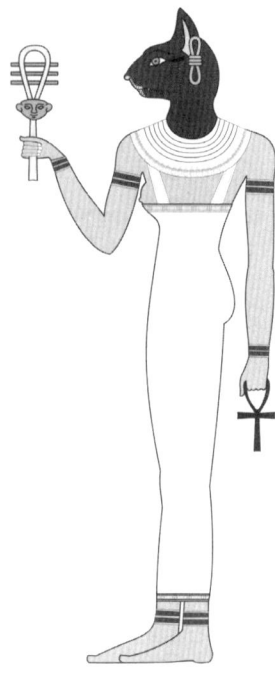

Bastet, la Gata Enamorada

Pero no todo es sexo en Bastet, también patrocinaba los matrimonios para que tuvieran descendencia sana y fuerte, así como para que incrementaran su patrimonio y sus bienes fueran abundantes. Incluso favorecía a monjes y sacerdotes del templo en sus aspiraciones de amor puro y espiritual.

Por otra parte, comandaba a los gatos que guardaban los templos, las tumbas y los lugares sagrados, para que estos no fueran robados ni profanados.

Como combatía serpientes y alimañas, también era querida y solicitada para salvar a los intoxicados y envenenados; y como guardiana de la noche, era seguida por magas y hechiceras.

Independiente y severa, Bastet lo controlaba todo sin entrar en conflicto con nadie. Prefería disuadir que atacar, pero, si no le quedaba más remedio, era una terrible, valiente e iracunda guerrera que no se dejaba acorralar por nadie.

Gracias a su diligencia, era considerada una diosa inteligente, siempre presta a estudiar y a aprender, sobre todo escritura, escultura y pintura.

Esta diosa es astuta y sagaz, destructora de la mala suerte, constructora de la buena fortuna, y exquisita artista, que anima la sensibilidad inherente al magnífico y creativo poder femenino que todas llevamos dentro.

COATLICUE

Coatlicue, diosa azteca cuyo nombre significa Diosa de la Falda de Serpientes, es la vida y la muerte de todas las divinidades, es la que dio la vida y la que se la llevará, por eso hay quien la confunde con la Tonantzin, madre de dioses y de humanos, o con un aspecto velado y terrible de la Tonantzin, como el de la muerte; pero una cosa es dar vida y muerte a las divinidades, ser la manifestación de la existencia en sí, y otra muy distinta ser simplemente madre, vehículo de vida.

Coatlicue es la madre devoradora, como lo fue Cronos (Saturno) en la mitología griega, porque ella pone y quita dioses, abre y cierra Eras, inicia y termina etapas para el mundo, para las divinidades y para los humanos, por eso Quetzalcóatl, al abandonar a los toltecas, dice de ella: "Es nuestra Madre, la Diosa con el manto de serpientes, me lleva con ella como hijo suyo".

Coatlicue está por encima de la vida y de la muerte, de la existencia y del tiempo, es la diosa del infinito y del aprendizaje, del más lejano más allá. Por eso se le pedía que salvara a los muertos, que los guiara en su camino por los trece mundos, que llevara al paraíso a los niños muertos o desaparecidos, y que les mantuviera sus privilegios en la otra vida tras la muerte. Cada 52 años de vida, sus seguidores le ofrendaban todos sus bienes, destruían sus casas y sus enseres, y comenzaban una nueva vida de cero, como si acabaran de nacer de su sacro vientre.

Coatlicue, la Madre Primigenia

ISHTAR (O INANNA)

Ishtar, la luz benéfica del desierto, fue quizá la diosa más importante del panteón mesopotámico, tanto, que es seguida, adorada y querida hasta nuestros días.

Unos dicen que muestra sus pechos, señal de fertilidad y voluptuosidad, olvidando que el pudor actual nada tiene qué ver con el pudor mesopotámico, donde el pecho era más señal de estatus y de edad, que símbolo carnal.

Ishtar, Diosa del Portal de la Muerte

Es hermana de Shamash, dios de la luz, y de Ereshkigal, divinidad del infierno, y, por tanto, es guardiana de las puertas de los cielos y las profundidades, a la vez que es puente visionario entre ambos mundos.

Los sumerios la llamaron Inanna, pero más tarde los asirios y los babilónicos la pusieron el nombre con que la conocemos, Ishtar.

Tuvo otro nombre, Astarté, diosa tan terrible y destructora como buena y protectora, y bajo este apelativo se extendió su culto por todo Medio Oriente, desde Egipto hasta la península arábica.

Se le considera antepasada de la Afrodita griega y de la Venus romana, porque, en su templo de Erek, la prostitución era el culto principal. Sin embargo, ni Venus ni Afrodita ampararon la prostitución, sino el adulterio, el incesto y la promiscuidad en general, y no el comercio carnal.

Ishtar fue diosa de la guerra santa en Asiria, donde la toman por la esposa de Ashur, el gran dios guerrero y creador del universo para los asirios. Bajo esta forma era reverenciada en Nínive.

Por su sabiduría, su carácter religioso y sus dotes para la guerra, hay quien ve en ella a la antecesora de Atenea (Minerva en Roma). Tanta asimilación de la diosa de la luz benéfica, nos recuerda que los sincretismos y solapamientos de la Iglesia católica no son una práctica original ni nueva, y que, por pura funcionalidad, una diosa puede convertirse en muchas otras diosas para que sea adoptada y bien recibida en nuevos pueblos y en otras culturas que no sean la original.

Ishtar, por supuesto, también ha sido asimilada a varias advocaciones de la Virgen católica, entre muchas otras cosas, porque:

Sin dejar de lado que también es una diosa poderosa y valiente que ha conquistado con su luz a diversas culturas a lo largo de los milenios, sin perder en absoluto su más pura y poderosa esencia.

TONANTZIN

Tonantzin (Tonacacihuatecutli), es la diosa azteca de la Tierra, madre de diosas y dioses, y de toda la humanidad, de talante poderoso y sensible, mantuvo su culto abiertamente a pesar del catolicismo hasta el siglo XVII, cuando se le adjudicó una nueva leyenda:

Un azteca, Juan Diego, se convirtió al catolicismo y dejó atrás su vida hereje y disipada desde el punto de vista de los sacerdotes españoles, y de tan bueno y puro como se convirtió, un día fue al cerro del Tepeyac a recoger flores para la iglesia, y se le apareció una mujer hermosa y morena para darle buenos consejos y animarle a seguir en la fe cristiana, porque ella era la madre de todos los hombres.

Juan Diego puso las flores en el sayo y las llevó a la iglesia, donde le contó al cura lo que vio: una aparición. El cura puso en duda sus palabras de Juan Diego, pero al abrir el sayal del joven para depositar las flores sobre el altar, el cura descubrió la figura de la Virgen que había aparecido como un milagro sobre la humilde tela, pintada por las mismas flores en honor a la Virgen.

El cura contó su aventura a las autoridades eclesiásticas, que aceptaron de inmediato el milagro y la advocación de la Virgen, como la Virgen de Guadalupe, una virgen morena y joven, muy adecuada para la raza azteca.

Curiosamente, ese mismo año en diversos países de Latinoamérica aparecieron otras tantas vírgenes a las que la Iglesia dio por buenas; y es más curioso aún que dicha virgen, la de Guadalupe, fuera la misma imagen que la de la Virgen de Guadalupe de Extremadura, España, más mora que india y con nombre árabe. Otra curiosidad más, justamente en el cerro de Tepeyac, donde se levantó de inmediato una basílica para la nueva virgen, se rendía culto a la Tonantzin, morena y de aspecto bello y joven, la diosa madre de los aztecas.

Durante casi cuatro siglos se rindió culto a ambas deidades, uno oficial y bajo el nombre de Virgen de Guadalupe, y otro a la Tonantzin, no oficial, pero sí con bailes, ofrendas y representaciones aztecas fuera de la basílica cristiana.

Actualmente, y por la mediación del fallecido Papa Juan Pablo II, no hay que esconderse para rendirle culto a la Tonantzin al lado de la Virgen de Guadalupe, la cual, a pesar de su torpe asimilación, goza de un enorme prestigio milagroso en México.

Tonantzin, Diosa Madre de los Dioses

Esta diosa ha sabido pervivir a pesar de todos los obstáculos, las persecuciones y las falsas leyendas, y sigue ahí, sin quejarse de su suerte, fuerte y perenne para regocijo de sus fieles seguidores.

Hay quienes la asimilan a la Coatlicue, porque también se le llama "*tonatzin*", o nuestra señora en náhuatl, y quienes señalan la diferencia entre las leyendas mexicas, rescatando a la palabra "Tonacacihuatecutli" (Señora de nuestra Carne, diosa entre las diosas) como pareja primordial de "Tonacatecutli", el Señor de Nuestra Carne, dios entre todos los dioses, sujeto y sumiso a su amada esposa.

SARASVATI

Sarasvati es una de las diosas más elevadas del panteón jainista, y está en la cúpula de las castas de los dioses, como diosa creadora. Además, es la diosa de la depuración, de la salud y de la limpieza, la sagrada diosa río, la que derrama los bienes del cielo sobre la tierra, la que atempera los caracteres y trae la paz y la armonía, y por tanto de la música celestial y hasta de las matemáticas que lo armonizan todo.

Sarasvati conoce el árbol de la vida y sabe sus misterios, y de ellos deduce que los seres humanos deben aprender a usar más la razón a medida que van dejando de depender de los dioses, pero sin olvidarse de ellos. Y es que la diosa, dominadora de las artes y las ciencias, quiere transmitir sus conocimientos a la humanidad, y para ello necesita que los hombres y las mujeres estén más preparados y sean menos ignorantes, si no, difícilmente podrán entenderla.

Para la mitología hindú más popular, Sarasvati es ante todo la esposa de Brama, pero también es la diosa de la ciencia, la sabiduría y la música.

Sarasvati, Diosa de la Música

Se le representa tanto como una mujer joven y hermosa con cuatros brazos, o con solo dos brazos y sentada sobre una flor de loto mientras toca un instrumento musical.

Sarasvati es diosa de la seducción inteligente y patrona de las cortesanas sagradas, cultas e inteligentes. Ella conoce las danzas y las palabras que someten a los hombres. Ella conoce la música que amansa a las fieras y que seduce los corazones, y además es patrona de todas las mujeres que se acercan a la ciencia, la filosofía, la sabiduría, el estudio, la investigación y el conocimiento.

Diosa también del conocimiento, Sarasvati

Ella sabe de construcciones y de medicina, de cuentas y de idiomas, de fórmulas y de secretos, de protocolo y de colaboración, porque ella es consejera de dioses y de diosas, de hombres y de mujeres, así como patrona de las castas superiores.

Seguir los pasos de esta diosa era ascender socialmente, superar el estigma de la propia clase, evolucionar positivamente. Curiosamente, o tal vez por ello, también es patrona de malabaristas, artistas callejeros, limosneros y bufones.

SEDNA

Por último entre mis diosas favoritas, está Sedna, que es la mítica diosa del Océano Ártico para los esquimales, y, como madre de los helados mares,

113

favorece la caza y la pesca para que nunca le falte alimento a su pueblo.

Bajo la protección de la diosa están los animales del mar y del hielo, desde ballenas, focas, morsas y peces, hasta osos, lobos y coyotes.

Su leyenda es algo dramática, pues fue arrojada al helado mar del Norte, para después ser más o menos rescatada, porque su cuerpo no volvió a tierra, pero su espíritu quedó en el océano para proteger a los suyos, en una mezcla de dolor y esperanza llena de sacrificio, como hacen tantas mujeres en este mundo cruel y desigual que ahoga los cuerpos, pero no puede matar al espíritu.

Sedna tiene poder contra las ventiscas, los aludes y las fuertes nieves, y protege a sus fieles de morir helados o congelados.

Sedna, la Diosa Esquimal del Mar Ártico

Los cazadores, pescadores o exploradores que ofendan o ignoren a Sedna se exponen a una muerte fría y terrible.

Sedna acompaña a los ancianos en su última travesía y hace que su muerte sea dulce; cuida de los niños y vela por la seguridad de las doncellas, a las que les promete un buen y próspero matrimonio, para que no sean engañadas por la maldad, la negligencia o la pereza de los hombres.

Cuenta la leyenda que una vez existió una muchacha muy joven y muy hermosa llamada Sedna, pero, curiosamente, nadie deseaba casarse con ella cuando tuvo la edad para hacerlo, lo que le hacía tener terribles celos y envidia de las demás, que sin ser tan hermosas conseguían marido.

Cierto día, vio desde su cabaña un gran barco de pesca capitaneado por un apuesto y rico cazador extranjero, el cual se enamoró inmediatamente de la doncella, y ella, después de haber sido seducida con palabras llenas de promesas y tesoros, se marchó con el desconocido sin tener en cuenta ni a sus hermanos ni a sus padres, y sin realizar los rituales de la boda.

Tras la marcha, la muchacha cayó en una terrible desesperación al descubrir la verdadera identidad de su enamorado, que no era más que una ave maligna que tenía la habilidad mágica de cambiar de forma.

El pobre padre de Sedna, al saber de la repentina desaparición de su querida hija, se lanzó a buscarla por todas partes, incluso enfrentó al mar helado hasta que dio con ella. Cuando la encontró, Sedna estaba sola y aprovecharon para huir.

El ave maligna volvió y descubrió la huida de su concubina, y llena de rabia fue a por ella. Habló con el padre para convencerle, prometiéndole grandes regalos a cambio de su hija. Pero el padre se negó al ver a su hija aterrorizada, que no quería volver con el falso capitán, y entonces el ave despechada, con sus poderes mágicos, desencadenó una terrible tempestad, jurando que Sedna ya era suya y que nunca renunciaría a ella, así tuviera que acabar con el mundo.

El padre preguntó a Sedna, y Sedna corroboró la versión del ave maligna, y entonces el padre se rindió a la evidencia de su deshonor. La voluntad sobrenatural del mar reclamaba a su hija para limpiar sus pecados, y horrorizado hizo lo que tenía que hacer: lanzó a Sedna fuera del barco al mar helado para consumar el sacrificio.

Sedna, en su desesperación, salió a la superficie y trató de aferrarse a la quilla del barco con la mano derecha, pero el padre le cortó los dedos con un hacha. Sedna hizo otro intento de salvarse, ahora aferrándose a la quilla con la mano izquierda, pero su padre también le cortó los dedos de esta mano, uno a uno.

Los primeros dedos se transformaron en pequeñas focas blancas; los segundos en grandes focas grises de las profundidades; los terceros en enormes morsas de largos colmillos, y el resto en ballenas y cachalotes.

Por fin, tras el sacrificio de Sedna, el ave maligna marchó, el mar helado dejó de bramar, paró la terrible tormenta y todo volvió a la paz y a la tranquilidad.

Sedna, libre de sus pecados, de sus celos, de sus amores y de sus envidias, habita en el fondo de los mares donde cuida de humanos y de animales, y donde guía a los muertos para que encuentren el buen camino.

Esta diosa esquimal es la señora del perdón, la redención, la empatía y la hasta de la reencarnación espiritual, así como de la entrega y del sacrificio, del que solo suele ser capaz el poder femenino.

IV
EL PODER FEMENINO
EN LA GUERRA

Entonces teníamos
el Yin y el Yang
en nuestra persona,
hombre y mujer unidos
desde dentro,
¡éramos perfectos!
MITOLOGÍA CHINA

Personalmente, pienso que la guerra es uno de los peores errores de la humanidad de todos los tiempos, incluso en las que participan mujeres, y por mucho que les llamen épicas, santas, sagradas, de conquista o de defensa, o porque con ellas se muevan los valores emocionales de la identidad, la religión, el estilo de vida o lo que sea de las masas y los pueblos.

Nada justifica el crimen ni el asesinato, ni el abuso ni la conquistas, y mucho menos expandir la supuesta palabra de un dios, sea este el que sea.

Es obvio que a mucha gente le gusta la violencia, que se excita y que disfruta con ella, pero sigue siendo un error.

Matar a un toro ante la excitación general, es lo mismo que asistir a las ejecuciones públicas del pasado, donde la muchedumbre aplaudía la decapitación, quema en la hoguera o desmembramiento de una persona, es algo aborrecible.

Dicen que nada se puede hacer al respecto, y que al pueblo vil y canalla hay que darle ese tipo de entretenimientos, y que, en el menos malo de los casos, están los deportes, los campeonatos mundiales y los juegos olímpicos, donde, en lugar de haber guerras y batallas sangrientas, hay competiciones entre lo más granado de la humanidad: sus jóvenes atletas.

En estos eventos se ha suscitado la polémica de la intersexualidad y del androgenismo, aunque los casos de transexualidad están cada vez más restringidos en las competiciones los casos de androgenismo todavía no se solucionan.

El andrógino perfecto, según la mitología griega, era aquella persona que nacía con ambos sexos perfectamente dispuestos y desarrollados, con la belleza y capacidad reproductiva de la mujer, y la fuerza y decisión constructiva del hombre, capaz de luchar con fiereza en la guerra, y de mantener un hogar limpio y puro; también de reproducirse a sí mismo, por lo que no necesitaba de nada ni de nadie para progresar y mantener viva a la especie andrógina humana.

Andros, hombre. Gine, mujer.

Son las raíces griegas de ambos sexos.

En la antigüedad, las personas que nacían con ambos sexos, aunque es un fenómeno biológico escaso, impresionó a las comadronas y mujeres medicina, y no tardó en convertirse en un mito, dándole interpretaciones divinas de poder o de desgracia, incluso de brujería o mal de ojo proveniente de otro pueblo o de un miembro de la tribu con intenciones malvadas, producidas por los celos, la envidia y la venganza.

Esas personas crecían con los dos sexos, pero siempre se decantaban más para uno que para el otro al llegar la adolescencia y menguar, a menos en apariencia, uno de los dos aparatos genitales.

Con las características sexuales secundarias, la persona andrógina adquiría más el aspecto de hembra o de macho, con caderas amplias o sin ellas, con glándulas mamarias desarrolladas o pequeñas, y los genitales vivos o atrofiados.

Andrógino, mitad hombre y mitad mujer

La mayoría, casi un 60%, tendían hacia el aspecto femenino, a veces con gran belleza.

Los menos, con casi un 27%, tendían al aspecto masculino, desarrollando mayor masa muscular y vello corporal.

En el resto, a los que hoy en día se les llama indiferenciados, no predominaba ninguno de los rasgos masculino y femenino, ni había una mezcla de los dos.

Biológicamente hablando, me cuenta el Doctor

Keith Lewis, las personas andróginas son para siempre hombre y mujer al mismo tiempo, incluso si se les atrofia uno de los genitales, que generalmente es el pene y los testículos, o si se les extirpa desde muy temprana edad, algo muy usual en la medicina actual, lo que obliga a la persona a ser mujer el resto de su vida, por más que produzca un exceso de testosterona y muy pocos estrógenos.

Las personas andróginas suelen ser estériles, y algunas personas que se tenían por "normales" son estériles a causa de ciertos rasgos de androginia en su organismo.

En determinadas poblaciones estos hechos biológicos pasan desapercibidos, o se esconden por creerlos una vergüenza social o una maldición, como se esconden otros "defectos" de la apariencia o de la salud, y la persona crece como mujer (más habitualmente) o como hombre (en menor medida).

¿JUANA DE ARCO Y LA MONJA ALFÉREZ ERAN PERSONAS ANDRÓGINAS?

Según algunas expertas, el exceso de testosterona en algunas mujeres, las hace más fuertes, más agresivas y mucho menos sensibles y empáticas con el sufrimiento ajeno, además de dotarlas con ciertas características secundarias masculinas en su aspecto, aunque en su nacimiento no se hubieran registrado como andróginas, es decir, presentando ambos sexos, ya sea porque nadie se dio cuenta, o porque tanto los padres como los médicos lo guardaron como un secreto.

Por eso hay quien apunta que muchas de las mujeres que han participado en las guerras del pasado tenían lo que hoy llaman hiperandrogenismo, aunque no se tenga prueba física de ello.

Evidentemente, en la actualidad la inmensa mayoría de las mujeres que ingresan en el ejército o se dedican a trabajos o deportes duros, no suelen padecer de hiperandrogenismo alguno, mientras que otras que lo padecen pueden dedicarse a las labores de su hogar perfectamente.

De Juana de Arco no se sabe nada al respecto, aunque más de un historiador lo ve factible por la bravura y el arrojo del personaje.

LA MONJA ALFÉREZ

La famosa Monja Alférez (Catalina de Erauso) sí tenía rasgos bastante masculinos, como el bello facial y la famosa manzana de adán, que le permitían pasar perfectamente como hombre en el campo de batalla bajo el uniforme militar.

La famosa Monja Alférez

La fecha de nacimiento de la Monja Alférez, que en realidad nunca fue monja, pero sí alférez, es incierta, sobre el 1592 pero según su fe de bautismo sí en un 10 de febrero, hija de una familia acomodada de Santander, España, completamente niña en su aspecto y apariencia genital, que desde los 4 años de edad fue llevada a un convento como interna para que aprendiera la letra y tuviera formación católica, como muchos infantes de la época, y en su momento decidiera si quería casarse y formar una familia, o tomar los votos del claustro y convertirse en monja.

A los 15 años de edad decidió que no quería ser una buena esposa, y mucho menos ser monja, algo que contrarió a su familia y le costó ser encerrada en el convento para que se lo pensara mejor. Ya estaba en plena pubertad, pero sin las características sexuales secundarias de sus compañeras de claustro, seca de pecho y de caderas, y no demasiado agraciada para los cánones de belleza de su época.

Lo de tener relaciones matrimoniales (sexuales) con un varón tampoco le atraía, así que decidió escapar del convento, con el pelo corto y ropas de hombre, seguramente de algún mozo de cuadras o jardinero del convento, y se fue en busca de fortuna con el pseudónimo de Francisco de Loyola.

Aunque escapada y buscada, logró sacar partido de las relaciones familiares de los Erauso, y tuvo varias dedicaciones como paje entre sus parientes santanderinos, incluso formó parte de la nómina de la familia real.

Su vida fue ajetreada y aventurera, pero no pobre ni miserable, pues se comportaba como cualquier mozo de su época, bebiendo, cantando y armando pendencia, sin ninguna intención de buscar esposa o sentar cabeza.

Cuentan que una vez coincidió con su padre en tierras vascas, pero que este no la reconoció, lo cual no resulta del todo sorprendente si tenemos en cuenta que ella pasó solo las vacaciones de su infancia en casa, y que los varones no se ocupaban casi nada de mantener un contacto con los hijos, además de que no era la única ni la más querida en su hogar, y de haber pasado varios años lejos del ámbito familiar, con un aspecto ahora de mozo desgarbado, que nada tenía en común con la apariencia de las mozas de su edad.

Unos dicen que se mantuvo virgen a ultranza; otros aseguran que era lesbiana y que sí tuvo sus amores con otras damas. La verdad es que casi nada se sabe de su sexualidad o preferencias sexuales, aunque en las cantinas y junto con sus compañeros de juerga, lo que podía tener al alcance de la mano eran las cortesanas y las rameras. En una de esas francachelas descalabró con una piedra a otro mozalbete, y fue a dar con sus huesos en la cárcel hasta que el mozalbete sanó.

Muchas son las aventuras que se le endosan, pero la verdad es que, vestida de hombre y con desplantes propios de su forma de vida, nunca dejó de frecuentar a su familia ni a sus amigas del convento, incluida la Madre Priora, que, al fin y al cabo, era hermana de su madre y, por tanto, tía materna, la cual, además de cobijo y dinero, la recomendaba para uno que otro trabajo.

Digamos que, en realidad, nunca le cuestionaron ni criticaron demasiado su travestismo, y que gozó tanto de tolerancia como de cariño a pesar de su talante chulesco y en cierta forma agresivo, quizá, porque a pesar de todo, en sus buenos momentos se mostraba sensible y solidaria con los suyos, como buena mujer que era.

Sobre el 1612 las ganas de aventuras indianas en las américas, la llevaron a lo que hoy conocemos como Chile y Perú, donde participó como soldado a las órdenes de Alonso de Ribera, masacrando mapuches sin que le temblara la espada. Tampoco le tembló para matar a otros diez hombres, soldades y migrantes europeos como ella, ni para medrar sobre quien se le pusiera enfrente, como hicieron muchos de sus compañeros.

Su arrojo en las crueles batallas de la conquista, le valieron el rango de Alférez en las tropas de Pedro de Valdivia, mientras que su personalidad, pendenciera y jugadora, le dieron la fama de asesina con suerte, pues varias veces fue condenada a muerte por sus delitos, pero al final siempre se salvó de las condenas.

Volvió a España sobre el 1623, y recorrió buena parte de Europa, siempre en la parte alta de la sociedad y los cargos, a pesar de pasarse las noches en las ventas y en los prostíbulos. Siempre católica ferviente, tuvo audiencia con el Papa Urbano VIII, quien le dio la bula de vestir como quisiera, de hombre o de mujer, reconociendo en cierta forma su condición especial biológica, o construcción social identitaria libremente escogida.

Narran las leyendas que no le gustaba nada que le dijeran "señorita", ni que le recordaran que también era mujer, pues para entonces ya se identificaba del todo como un hombre hecho y derecho con el nombre Alonso Díaz de Guzmán, aunque, cuentan, con la edad cada vez parecía menos hombre y más mujer, vieja y fea, pero mujer aunque se vistiera de hombre, y no faltaba quien hiciera escarnio de su apariencia, para entonces muy popular y reconocible por media Europa.

Tampoco se sabe exactamente cuándo y cómo

murió, pero sí dónde, en Cotaxtla, México, sobre el 1630, más o menos, a la edad de 38 o 48 años, tras dedicarse los últimos meses a la carga, el transporte y el comercio.

Existe una autobiografía de la Monja Alférez, publicada en Chile en el 1848, aunque se duda mucho que realmente sea de la autoría de Catalina de Erauso.

JUANA DE ARCO

A pesar de los rumores sobre este personaje más fantástico que real, tal parece que sí era mujer del todo, mística y quizá fuera de sus cabales, aguerrida y brava, pero mujer por los cuatro costados.

Por supuesto, para sus amantes seguidores, Juana de Arco, la Doncella de Orleans fue del todo cierta y verdadera, no un mito para darle alas a los franceses en las guerras eternas y sin sentido que mantuvieron con la Pérfida Albión, o Inglaterra, y que, en cierta manera, continúan en los chistes, los memes, los dimes y diretes entre ambos pueblos, donde los franceses suelen ser casi siempre los peor parados.

Existiera o no, en la actualidad cuenta con fecha de nacimiento y toda una historia dramática y romántica, y hasta una conversión a santa por parte de la Iglesia católica, aunque se desconocen sus méritos y los milagros que realizó para obtener el título de beatífica santidad.

Juana nació un 30 de mayo del 1412, cerca del poblado de Domrémy, bajo las cuentas del Calendario Juliano y en plena Guerra de los 100 años entre ingleses y franceses, pero lo que no queda del todo claro es si fue una Géminis visionaria, o una aguerrida Tauro.

Una Juana de Arco Géminis, activa y deslumbrada, podía ser más adecuado, que una Tauro prudente y poco dada a llamar la atención.

Ninguno de los dos signos es especialmente guerrero, aunque Tauro suele ser más ideológico y tirano que Géminis, que suele gobernar con desenfado.

Más allá de los signos del zodiaco, se supone que nació en el seno de una familia humilde, posiblemente de panaderos o campesinos, que desde los nueve (otros dicen que 13) años de edad decía tener visiones angelicales, como el Arcángel Miguel, que le hablaba de las batallas contra los borgoñeses y la preparaba para la lucha venidera, viéndose a sí misma con armadura y espada en el futuro campo de batalla.

También la visitaban Santa Margarita y Santa Catalina de Alejandría, y le hablaban de un futuro de esplendor para Francia y su nuevo monarca, que al final fue Carlos VII, entre otras cosas y según la leyenda, gracias al furor guerrero de Juana de Arco y sus visiones que así lo proclamaban. El rey anterior, Carlos VI, sufría episodios psicóticos, como Juana, y la locura de la guerra lo embargaba lo suficiente para que no decidiera sobre quién recaería el cargo tras su muerte.

Juana salió de su pueblo a los 16 o 17 años de edad, huyendo por una parte de un matrimonio arreglado con un zagal de la región, poco agraciado, que la reclamaba para sí ante las autoridades eclesiásticas, pero no logró recuperarla; y por la otra pensando en ser la guerrera que veía en sus visiones infantiles.

Las luchas internas cortesanas de aquella época eran verdaderas telenovelas de amores, traiciones y cambios de humor, como los de Catalina de Valois, o los del Duque de Orleans, y hasta los del rey inglés, Enrique V, con lazos familiares de sangre e incestuosos, y rencillas y venganzas interminables entre unos y otros, por lo que las sucesiones a las respectivas coronas eran siempre un albur.

En las guerras ocurría algo parecido, ya que se hacían y se deshacían alianzas, y se sucedían las traiciones entre todos los implicados.

Juana fue una patriota hecha y derecha, que por su valor e ingenuidad nunca traicionó a nadie, y se encontró casi sin querer en el conflicto bélico del asedio de Orleans, en el cual participó activamente ganándose un puesto en el ejército francés de la región, logrando con su espada y sus visiones que el asedio solo durara nueve días y que con ello los ingleses sufrieran una dolorosa y vergonzosa derrota.

Por aquel entonces tendría unos 18 años, los suficientes para estar de pleno derecho en la milicia a pesar de ser del género femenino, aunque nunca se menciona las posibles restricciones que pudo haber al respecto.

Juana de Arco no se disfrazaba de hombre, entre otras cosas porque las vestimentas campesinas de su época no se diferenciaban especialmente, y tanto hombres como mujeres vestían un jubón y una camisola. La moda era para las clases altas o cortesanas, y en muchas ocasiones los hombres utilizaban más afeites que las mujeres.

La gleba de aquel entonces, con guerras y batallas por todos lados, reclutaba a cualquiera que quisiera formar parte de las escaramuzas, pues hacían falta brazos y cuerpos para enfrentarse a los diversos contrarios.

Juana de Arco se sumó, y según las leyendas no tardó ni una semana en convertirse en líder de su grupo de defensa o de asalto, pues combatía con ferocidad del todo irreflexiva, lanzándose contra los contrarios sin importarle nada su propia vida, animando a sus compañeros a luchar sin denuedo.

Los contrarios se espantaban solo de verla, tan valiente y decidida, y su fama corrió como reguero de pólvora por todo el departamento de la Borgoña.

Nadie cuestionaba si era hombre o mujer, o si era andrógina, simplemente aplaudían su arrojo y emulaban sus gestas lo mejor que podían, y tenían fe en las profecías que lanzaba en contra de los ingleses, a favor de Carlos VII y de la próxima gloria de Francia, que por aquel entonces no estaba muy bien situada.

No duró mucho el encanto, solo un par de años, más o menos, porque Juana fue traicionada y entregada al mejor postor, un grupo borgoñés que estaba aliado con el enemigo, quien a su vez la mandó ante las autoridades británicas para que fuera juzgada, un privilegio de los que pocos gozaban, porque lo normal, una vez que se caía en manos del enemigo, era la muerte inmediata.

Se dice que fue juzgada más por herejía que por crímenes de guerra por el obispo Pierre Cauchon en Ruan, pueblo francés bajo el dominio de Inglaterra, y sentenciada a morir en la hoguera, a pesar "de que sus visiones dijeran lo contrario", se burlaban de ella cuando las llamas la devoraban.

Cuentan que Juana era extremadamente católica, y que odiaba cualquier tipo de desobediencia o de libre pensamiento, porque todo era dado y quitado por Dios, así que asumió con valentía su propio destino, sin criticar en ningún momento que fuera precisamente un obispo y ministro del señor quien la encontrara culpable, sino aceptando de buen grado su culpabilidad ante las autoridades de la divinidad en la Tierra.

Finalmente, y con solo 19 años de edad, sin renegar de su fe cristiana a pesar de los pesares, Juana fue llevada a la hoguera y quemada en público por el bien de su alma, si es que algo de ella quedaba, para beneplácito del público asistente, que gozaba con el espectáculo de la desgracia y de la muerte ajena, como hoy disfrutan de las guerras, aficiones y hasta deportes truculentos.

Juana de Arco en la hoguera

La mayor parte de las leyendas e historias sobre Juana de Arco son solo conjeturas que no obedecen a una realidad consensuada, donde unos la pintan morena y otros decididamente rubia, como muchos de los franceses del noroeste de aquella época; unas voces aseguran que era lesbiana, y otras que era simplemente un alma pura devorada por sus visiones religiosas y espirituales, por lo que no había lugar en su ánimo sacro para el sexo mundano y sucio, sobre todo en aquellas épocas y situaciones donde el baño y el menor asomo de higiene eran un verdadero milagro.

También se dice que estuvo presente en la coronación en Reims de Carlos VII, como soldado adelantado de la corona francesa, haciendo que de esa manera se cumpliera la profecía de que una mujer (Catalina de Valois) echaría por el suelo a Francia, y una virgen (Juana de Arco), la redimiría señalando al nuevo Delfín francés, quien a su vez reconstruiría a la maltrecha Francia, algo que no se apega demasiado a la realidad histórica.

Santa Juana de Arco

No faltan las leyendas de pleno campo de batalla, donde Juana enfrenta a cien hombres y los vence con el tremendo brillo de su espada, que es la santa espada del Arcángel Miguel, esparciendo sus cadáveres sobre el lodo, mientras ella caminaba inmaculada entre sus cuerpos rotos.

No importaba lo católicos o herejes que fueran los otros, ni quién tuviera o no la razón y el derecho a su favor en la contienda, lo que importaba es que Juana era una elegida del señor, y, por lo tanto, ella era la que merecía la victoria.

Se supone que murió en el 1431 y en la misma fecha en que nació, un 30 de mayo, día en el que actualmente se celebra su onomástico y santoral: Santa Juana de Arco, que en el siglo XIX, tras casi cinco siglos de su muerte, fue beatificada, y ya en el siglo XX, sobre el 1920, fue elevada a la santidad por el Papa de turno. Pero, para otros, su nacimiento, para ser sagrado del todo, fue el 6 de enero del 1412.

No falta quien señale de su juicio y posterior quema en la hoguera a la Iglesia anglicana, a pesar de que Enrique VIII no la fundó hasta un siglo después de la muerte de Juana de Arco, pero había que señalar a Inglaterra como culpable de su muerte, y no a la Iglesia católica de Francia, que borró las actas de su juicio para redimirla y beatificarla como milagrosa, virgen y mártir, heroína del pueblo francés sobre el 1889, aproximadamente.

El mito tiene muchas veces más calado sobre la gente que la realidad, por lo que no importa si Juana de Arco existió o no de verdad, sino el poder femenino que ostentaba y ostenta para los súbditos de Francia.

LAS AMAZONAS

Andróginas, vírgenes y mártires, o no, las Amazonas de la mitología griega, son más un referente metafórico de la capacidad de las mujeres de todas las épocas para empuñar un arco, una lanza o una espada, e incluso un arma de fuego actualmente, para matar al contrario, sea quien fuera este.

Cortarse un seno para poder disparar mejor el arco, también es un referente mítico de sacrificio y de negación de la sexualidad o de parte de la maternidad, un seno menos para alimentar a sus infantes, cercenado en pos de la muerte ajena.

Cuerpo a cuerpo con una Amazona

Como diría Emily Brontë, "la pobreza solo es romántica en la literatura", y el cercenarse un seno solo puede ser romántico en la mitología, porque en la realidad el cáncer de mama lo hace poco agradable y nada deseable.

Artemisa, no la diosa, sino la griega macedonia que creció al servicio de Jerjes, se ha vuelto famosa por el cine, quien la ha retratado como una mujer terrible, con poder sobre sus tropas, habilidades en el combate mejores que las de casi todos los hombres sobre la faz de la Tierra, y con una voracidad sexual desmedida, además de saber cómo evitar los embarazos, seguramente al estilo de las egipcias.

Hipólita, la reina clásica de las amazonas, es una pálida guerrera al lado de Artemisa, pues no es tan sanguinaria ni tan insensible, pues se enamora de Hércules, quien finalmente la traiciona, mientras que a Artemisa no la traiciona nadie, porque muere en batalla con la frente alzada y el rostro desafiante, según la leyenda, porque en realidad nadie fue testigo presencial de su muerte.

Mujeres guerreras, desde las clásicas Amazonas hasta la arqueras persa o las celtas aguerridas que se enfrentaban a los romanos, pasando por las vikingas y las valquirias míticas, las mujeres han formado parte de los conflictos humanos, que para mi gusto no son nada deseables, pero reales, sin mostrar debilidad ni cobardía, capaces de todo tipo de hazañas y sacrificios en los que nada tienen que envidiar a los hombres.

EL MITO DE LA ADELITA

En el México revolucionario de principios del siglo XX, las mujeres guerreras, las soldaderas, estaban representadas por la Adelita, que lo mismo cocinaba que empuñaba las armas para dirigir a un batallón entero en contra de las fuerzas reales de Porfirio Díaz, de Madero, de Victoriano Huerta o de quien fuera.

Estar a favor del poder institucional y opresivo no es nada recomendable, sino zafio, fanático y detestable, porque es tanto como aplaudirle al verdugo cruel por la propia ejecución o muerte.

No hay nada peor que ser un obrero o un humilde campesino a favor de los que le explotan, humillan y mandan, y eso las mujeres revolucionarias de todos los tiempos lo han tenido muy claro, porque el poder femenino lleva miles de años luchando contra la opresión del poder patriarcal.

La mujer mexicana, y latinoamericana, ha sido mayoritariamente revolucionaria, desde Sor Juana Inés de la Cruz, hasta la Adelita, combatiendo en diferentes trincheras y con diferentes estrategias, pero nada sumisas y mucho menos esclavas, aunque cocinen, sirvan y laven, sino siempre guerreras de la vida diaria, o de las revoluciones armadas cuando ha hecho falta.

El espíritu de la Adelita:
las soldaderas mexicanas

Las mujeres latinas, incluyendo a las romanas e hispanas, siempre han tenido el ánimo de guerra cotidiana, incluso las más creyentes y supersticiosas, porque han sido más mujeres reales que bíblicas que no son capaces de mirar a los ojos al hombre o al que manda.

José Cadalso, en sus *Cartas Marruecas*, se sorprende de que las mujeres españolas del siglo XVIII sean capaces de emprender cualquier tarea y de enfrentar a cualquier hombre a pesar de que las leyes y la Iglesia estaba en su contra: "los miran a los ojos y les hablan".

La Adelia, como símbolo revolucionario de México, nos muestra un prototipo de mujer que va más allá de las amazonas o de las españolas "descaradas" de Cadalso, pues no luchan en contra de los hombres por el simple e inevitable hecho de haber nacido machos, sino que luchan en contra de todo un sistema estatal opresivo y desigual, abusivo y ratero, como los que se siguen dando en buena parte de Latinoamérica, con la franca oposición de las mujeres.

"En toda mujer hay una revolucionaria que lucha por sus derechos y por los de sus hermanos", diría la Adelita.

Las leyendas sobre la Adelita mexicana son tan variadas como los corridos y canciones dedicadas a la Revolución mexicana, desde las románticas hasta las más descarnadas, donde la mujer, la Adelita, es capaz de ocupar todos los escenarios, desde el amoroso y sentimental, hasta el más cruel y descarnado pistola en mano, o el marginal, con traiciones, contrabando, robo y rapiña, donde todo se vale porque al mundo hay que cambiarlo como sea y dónde sea.

Popular entre la tropa
era Adelita,
la mujer que el sargento
idolatraba,
que además de ser valiente
era bonita,
que hasta el mismo coronel
la respetaba.

LISÍSTRATA

Volviendo al entorno griego, que al fin y al cabo es la fuente de nuestra cultura occidental, nos encontramos con una de las bases del feminismo que yo apoyo tanto, *Lisístrata* (la disolución de los ejércitos), obra del comediógrafo Aristófanes, en una clara crítica y alusión a los constantes conflictos bélicos en los que los ciudadanos atenienses se enfrascaban, ya fuera para robar al vecino, para alejar a los persas del territorio, la quedarse con tierras de sembradío ajenas, por un quítame esas pajas, o simplemente para estar lejos del hogar, al esposa y los hijos, y gozar de la compañía de otros hombres en una homosocialidad descarada, e incluso homosexualidad, que en aquellos tiempos no estaba ni mal vista ni catalogada como contraria a la normalidad de la naturaleza.

Lisístrata es la protagonista, tan feminista como pacifista que demuestra que las mujeres atenienses del siglo IV anterior a la era romana, no eran un mueble más de la casa, ni estaban tan sometidas como las leyes atenienses promulgaban, sino que sabían cómo hacer valer sus derechos, en este caso con una huelga de faldas caídas, donde las mujeres se negaban a tener relaciones sexuales con sus maridos mientras estos insistieran en

mantener conflictos bélicos con sus vecinos (laconios contra atenienses), de tal manera que solo la
paz y la reconciliación con sus "enemigos" les de-
volverá el gozo del lecho y el afecto de sus esposas.

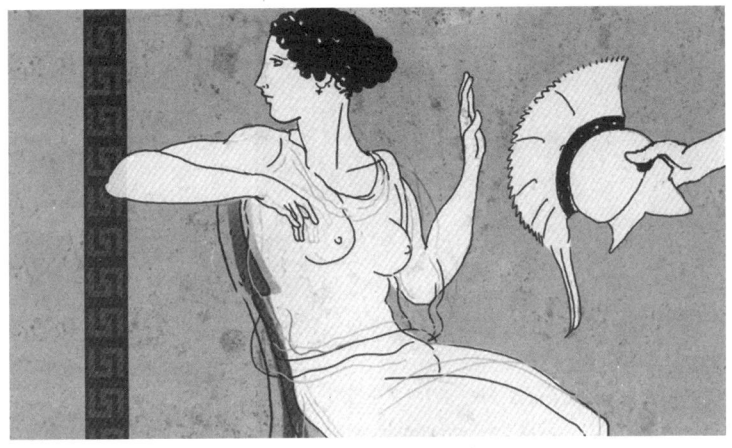

La huelga sexual de la mujeres en Lisístrata

LISÍSTRATA
(EL JURAMENTO DE LAS MUJERES)

*Lisístrata: Lampitó, todas las mujeres toquen esta
copa, y repitan después de mí: no tendré ninguna
relación con mi esposo ni con mi amante.*

*Cleónica: No tendré ninguna relación con mi es-
poso o mi amante.*

*Lisístrata: Aunque venga a mí en condiciones la-
mentables.*

*Cleónica: Aunque venga a mí en condiciones la-
mentables.*
(¡Oh, Lisístrata, esto me está matando!)

Lisístrata: Permaneceré intocable en mi casa.

Cleónica: Permaneceré intocable en mi casa.

Lisístrata: Con mi más sutil seda azafranada.

Cleónica: Con mi más sutil seda azafranada.

Lisístrata: Y haré que me desee.

Cleónica: Y haré que me desee.

Lisístrata: Mas no me entregaré.

Cleónica: Mas no me entregaré.

Lisístrata: Y, si él me obliga.

Cleónica: Y si él me obliga.

Lisístrata: Seré tan fría como el hielo y no me moveré.

Cleónica: Seré tan fría como el hielo y no me moveré.

Lisístrata: ¿Todas han jurado?

Mirrina: ¡Todas!

Por supuesto, ante tal presión los atenienses hacen y firman la paz con los laconios, y por fin pueden pernoctar con sus amantes y esposas, que es uno de los placeres más grandes del mundo, muy superior a otro tipo de relaciones menos satisfactorias y menos completas, porque de haberlas las había entre los habitantes de la antigüedad, porque en el amor sexual y en la guerra todo se vale.

Curiosamente, tras más de dos mil años, fue la guerra, la Primera Gran Guerra Mundial, la que devolvió a las mujeres su presencia en la vida pública del siglo XX a pesar de que muchas represiones, ocultamientos, aprovechamientos y mitos y prejuicios se cebaran contra ellas.

Sí, y aunque no lo parezca, el siglo XX fue tan patriarcal como el XIX, pero la necesidad de manos en la industria y el comercio, abrieron una puerta a las primeras liberaciones de las mujeres en buena parte del mundo.

Hubo otras puertas que se abrieron solo para cerrarse de nuevo, tanto por culpa del patriarcado, como por injerencia de las mismas mujeres, sobre todo las representantes de las clases medias burguesas, que veían en la liberación femenina la pérdida de muchos privilegios de los que gozaban por el simple hecho de ser mujeres, como el no tener que trabajar por obligación o necesidad para mantenerse y para pagar las facturas. Muchas de estas mujeres contaban con servidumbre, casa propia, automóvil, enseres y productos de alta tecnología, vacaciones pagadas, cursos y actividades varias diseñados exclusivamente para ellas, prestigio social y un futuro asegurado gracias a los planes de pensiones y seguros de vida, por lo que si se quedaban viudas seguían teniendo los mismos privilegios.

Las asociaciones feministas de principios de siglo, y a pesar de la Primera Gran Guerra, tuvieron que lidiar con sus propias compañeras de género, que no veían la necesidad de que las mujeres emularan a los hombres de manera alguna.

En las clases más bajas, las obreras y las servidoras de servicios, así como otros colectivos de mujeres menos favorecidos, sí había una necesidad de rebelión y liberación, por lo que muchas de ellas, además de sumarse a la industria a falta de manos masculinas, se sumaron a la minería, la marina, la policía y el ejército, como la famosa Mata Hari y otras célebres espías.

En el arte y las ciencias también hubo rebeliones, y mujeres como Madame Curie, en física y química, o la actriz y científica Hedy Lamarr, en matemáticas y computación, demostraron al mundo que no se puede tapar al sol con un dedo, y que las mujeres son tan válidas, y a veces más, que los hombres en cualquier terreno.

Hedy Lamarr, actriz y científica

"Las mujeres han sido válidas todos los tiempos en todos los terrenos, lo único que les ha hecho falta es reconocimiento y publicidad": Hedy Lamarr.

Poco a poco, y también gracias a la píldora anticonceptiva, las mujeres del siglo XX empezaron a descollar y a ocupar su lugar en los sectores públicos de una sociedad construida durante un par de milenios para los hombres y solo para los hombres, con varios aciertos y ascensos, pero también con diversos errores y contradicciones, que se irán limando con el paso del tiempo.

Madame Curie, madre de la física moderna

Las mujeres llevan poco más de un siglo siendo necesarias para el tejido social, político y productivo de casi todas las naciones, mientras que los hombres llevan miles de años ocupando la vida pública y los puestos directivos, así que solo es cuestión de tiempo para que la brecha de desigualdades se reduzca y las mujeres sean miembros activos de la sociedad de pleno derecho, y esperemos que sea para bien y no para mal, superando los vicios del machismo y no sumándose a ellos con la excusa de la igualdad, que igualarse por lo bajo no es lo más apetecible. La guerra de las mujeres ha comenzado hace poco más de un siglo, lo mismo que otras revoluciones políticas, económicas y sociales, como las del mundo obrero, y deseamos de todo corazón que tenga el mejor de los resultados por el bien de todos y cada uno de los seres humanos.

V
El poder femenino en las artes

Ni el mercado
ni la fama ni el dinero
y mucho menos los premios
hacen a la artista,
ser la más conocida
es tierra de otro terreno.

LEONORA CARRINGTON

El culto a la personalidad, la fama y la gloria, el dinero, los premios y la publicidad son chispas de vanidad y doctrinas de un sistema que se alimenta a sí mismo y que tiene claros intereses doctrinarios, sectarios, mafiosos y hasta de posición social y clase, completamente apartados de los procesos de la creación artística, dirían los hermanos Pavi, en detrimento de toda la academia de las artes de todos los tiempos.

"Triunfar" en el mundo del arte no es garantía ni de talento ni de bondad, y mucho menos del pretendido genio artístico que toca solo a unos cuantos, generación tras generación, y donde las mujeres siempre han estado muy poco representadas, entre otras cosas, porque quizá ellas comprenden que la feria de las vanidades de las artes en realidad no tiene ninguna importancia.

Pintar, escribir, esculpir, danzar o cantar, nace del alma y no necesita de reconocimiento alguno para ser lo que es.

El arte, desde el punto de vista del poder femenino, no es una competencia de a ver quién es mejor o quién es peor, a quién se cotiza más en las subastas, o a quién nadie quiere comprar su obra.

Que la gente te reconozca y diga que tus pinturas son lo máximo, no depende en absoluto de la persona que pinta, sino de todo un entramado político y comercial, de una industria, de un estado y hasta de los medios de comunicación en última instancia, que se hacen eco y voz de lo que le interesa a los poderes fácticos.

Una persona famosa puede ser un artista de verdad, alguien que siente y crea, e incluso puede gustarle al vulgo, sobre todo si se le promociona lo suficiente, como a Van Gogh, que algún cuadro agrade, pero mucha obra es difícil de ver, mientras que pintoras como Berthe Morisot, precursora del impresionismo, pasaron casi inadvertidas a pesar de su obra.

Empecemos pues, por darle algo de publicidad, más que merecida, a tantas y tantas mujeres talentosas que en el mundo han sido, y que no han necesitado del visado de las instituciones públicas y privadas para crear y tener una gran obra.

BERTHE MORISOT

Berthe Marie Pauline Morisot, nació el 14 de enero de 1841 en Bourges, una excelente Capricornio, y murió un 2 de marzo de 1895 en París, yéndose por la puerta de la genialidad de Piscis, fue pintora, cofundadora y decana francesa del movimiento vanguardista de esa época, el impresionismo.

Autorretrato de Berthe Morisot

Su relación con el mundo del arte de su tiempo le dio prestigio dentro de las aulas y de sus más cercanos conocidos, pero no la fama que ellos tenían, ni en ese momento ni años después, aunque sus pinturas fueron muy difundidas, como uno de sus autorretratos, que siguen apareciendo en toda clase de medios e ilustraciones sin que se mencione a la autora.

Su hermana, Emma Morisot, también fue una magnífica pintora impresionista, pero menos sociable que Berthe, por lo que, si los historiadores de arte relegaron a "la dama de la pintura" y fundadora del movimiento impresionista, a Emma la dejarían más de lado, y no sería hasta finales del pasado siglo XX que empezarían a ser reconocidas

y citadas, aunque un tanto a remolque de pintoras más "modernas", como Frida Kahlo, Remedios
Varo y Leonora Carrington, entre otras.

Berthe Morisot logró tener una exposición individual en París, algo que no era nada fácil para muchos pintores varones, pero siempre mucho más
difícil para las pintoras hembras, como señaló Ma-
net, uno de los privilegiados:

*"Comparto su opinión, las señoritas Morisot son
encantadoras y excelentes pintoras, es una pena
que no sean hombres, sin embargo, como mujeres,
podrían defender la causa de la pintura casándose
cada una con un académico y sembrando así la dis-
cordia en el campo de esos anticuados, aunque sería pedirles un sacrificio demasiado grande."*

Aceptar su condición de creadoras plásticas estaba bien, pero cederles una sala de exposición
para ellas solas, ya era demasiado.

Los "grandes" artistas hombre que conocieron
a la Morisot y reconocieron su talento y participación en el nacimiento del impresionismo, no le
facilitaron para nada las cosas, y no por maldad
consciente, sino porque en la Europa de finales del
siglo XIX y principios del XX, dominaba el ideario
victoriano y anti mujeres hasta en el hacer de las
mentes más revolucionarias de la época, y quienes compraban los cuadros más caros y daban re-
nombre a los pintores, eran precisamente los altos
representantes de la burguesía victoriana. Quien
paga, manda.

Si paga la Iglesia, los motivos de las obras de
arte serán religioso, místicos y míticos.

Si pagan los reyes, los motivos serán retratos de
los jerarcas y de las familias reales.

Si paga el estado, los motivos dependerán de la ideología de los gobernantes, como los cuadros rusos y chinos, o los de presidentes y sus supuestos logros.

Si paga una fundación, los de sus intereses y artista en el que se basa la fundación, como en los casos de Miró y Van Gogh, que en vida vendió solo un cuadro y no fue nada apreciado ni por el público ni por los marchantes de arte.

Si paga un marchante de arte, las obras de sus representados serán con los motivos que están de moda.

Si paga un partido político o cualquier poder fáctico, los temas a tratar y divulgar serán los que apetezcan al partido, desde pequeños burgueses y para el gran público, hasta revolucionarios, innovadores y atrevidos; lo mismo pasa cuando los promotores son los afamados y grandiosos museos de arte moderno, que solo colgarán en sus paredes lo que pretenden y prefieren, independientemente de la calidad o absurdo de las mismas.

Hoy en día está de moda la descolonización, no la calidad, con lo que la aberración puede convertirse en gran obra de arte, aunque también es una oportunidad para sectores creativos a los que no se había tomado nunca en cuenta, como el propio y hasta maldito sector de las mujeres.

Hay artistas que, a pesar de su talento, son considerados como artesanos o como artistas de salón o de decoración, y no saldrán nunca de esa consideración a menos que alguien con poder y dinero, y mano en los medios de comunicación, le rescate y lo convierta en genio.

Las artistas pocas veces han jugado al juego de las instituciones, religiones, museos y poder en el medio artístico, y han creado de manera indepen-

diente a modas y corrientes, sin fingirse, o ser, locas, alcohólicas, enfermas, drogadictas, suicidas o
genios incomprendidas, creando solo aquello que
sienten y desean expresar y plasmar, aunque con
el tiempo y los cambios sociales, quién puede sa-
berlo, ellas también pueden optar por participar en
el campo del arte como lo han hecho los hombres,
y así poder medrar y gozar de la fama y promoción
que han gozado ellos.

LA FAMOSA FRIDA

La propia Frida Kahlo, a pesar de ser quien era
en el México de la primera mitad del siglo XX, esposa de Diego Rivera, amiga de la crema y nata de
la intelectualidad y el arte de su tiempo, tuvo que
esperar al final de sus días para tener una exposición individual, y eso con las infumables reticen-
cias de los críticos, que aseguraban que Frida no
sabía pintar, solo dibujar e iluminar, a pesar de la
evidente carga emocional de toda su obra.

Frida nació en la ciudad de México un 6 de julio
del 1907, toda una Cáncer con una vida llena de
pruebas emocionales y físicas, y experiencias de lo
más ricas, pero también dolorosas.

La casa en la que nació en el barrio de Coyoacán, es hoy en día un museo dedicado a la artista
conocida como la Casa Azul.

Muchas de las críticas que se le hicieron, y que
se le hacen hoy en día, es que se enamoró y se casó
con un hombre gordo, grande, feo, machista, mujeriego y alcohólico que no la respetaba para nada,
pero también un genio de la pintura y directivo de
sindicatos y del partido comunista, que le llenaban
los bolsillos del dinero capitalista que tanto despreciaba.

Sensible y revolucionaria, Frida Kahlo

Frida era todo un personaje desde niña, inteligente, talentosa y sagaa, e incluso cuando sufrió su doloroso y terrible accidente, mantuvo su talante fresco y contestario.

Su relación con Diego Rivera también fue tormentosa, pero llena de experiencias y relaciones con los artistas y los líderes políticos del momento.

Cuentan que tuvo relaciones sexuales con Trotsky, aunque él ya no era un joven lleno de virilidad y de hormonas, mientras que ella vivía dentro de una faja o arnés de hierro y dolencias constantes a causa de haber sido atravesada de lado a lado del tronco por un hierro del tranvía con el que chocó el camión donde viajaba hacia su casa en 1925, cuando contaba con 18 años de edad, pero para las leyendas y la ficción quedaba muy bien que las hubiera tenido.

Cuatro años más tarde y tras varias intervenciones quirúrgicas que la acompañarían casi el resto de su vida, se casó con Diego Rivera.

Frida ya pintaba desde mucho antes de conocer a Rivera, y tenía relaciones con el mundo político e intelectual de su época, disfrutando de los locos años veinte que animaban al mundo y lo empujaban a todo tipo de trasgresiones y diversiones.

El matrimonio no la encumbró pese a las influencias económicas y políticas de Rivera, y cuando André Bretón llevo sus cuadros a París, en México ni siquiera se enteraron. En aquella época estaba de moda el surrealismo, pero Frida no se consideraba surrealista para nada, sino del todo realista, porque lo que pintaba no era un desafuero de los sueños, sino su propia y dolorosa experiencia vital.

"No son sueños, es la realidad de mi vida".

Frida fue un espíritu atormentado y libre, que experimentó todo lo que pudo de la vida, sin quedarse a la saga de su marido; bebía, fumaba se drogaba y tenía relaciones sexuales con quien pudiera, hombre o mujer, no importaba, lo mismo que hacía Diego Rivera, aunque el romance entre Diego y su hermana, "la Bella", sí le dolió en el alma.

Estuvo "presente" en los dos atentados contra Trotsky, el primero fallido y el segundo ejecutado con un piolet por un sicario del partido comunista español, Ramón Mercader, por lo que junto a su marido fue arrestada, para ser dejada en libertad al poco tiempo, dejando la incógnita de su posible participación en la muerte del líder comunista perseguido por Stalin.

Una vida de aventuras, sin duda, con una amplia obra del todo dolorida e impresionante, que no tuvo una exposición individual hasta 1953, a pesar de su calidad como artista y su importancia como personaje del feminismo y de la vida nacional mexicana, pues el pueblo la adoraba.

Un año más tarde, el 13 de julio de 1954, Frida murió en su casa de Coyoacán (la Casa Azul) tan Cáncer como había nacido, valiente ante el dolor y plena de emociones, lucidez y talento; se le rindieron las honras fúnebres en pleno Palacio de Bellas Artes de la Ciudad de México, como recompensa al desprecio que habían tenido hacia su obra, y su féretro fue cubierto con la bandera del Partido Comunista de México, algo polémico, pero no del todo, porque en aquel entonces buena parte de los intelectuales, artistas y hasta millonarios, políticos, militares e industriales mexicanos se consideraban a sí mismos de lo más comunistas.

Sus últimas palabras fueron: "Espero alegre la salida y espero no volver jamás", a sabiendas que solo le quedaban unos instantes de vida.

LEONORA CARRINGTON

La que si tenía obra surrealista, era mi vecina de Cuernavaca, que en aquel entonces casi nadie conocía, la señora Leonora Carrington, inglesa de nacimiento y Aries de Fuego por los cuatro costados, con un universo artístico y vital del todo propio y original desde sus primeros trabajos hasta los últimos.

Sisters of the Moon,
su primera obra conocida.

Murió el 25 de mayo del 2011 en su amado, surrealista, anarquista y caótico México, a los 94 años de edad y alejada de todos los focos, pues no le gustaba ser una mona de circo, y decía que si querían ver algo de ella, que vieran sus obras y leyeran sus novelas, porque ella, como persona, no tenía interés alguno ni era una especie de dramática telenovela.

Como Frida, conoció y fue amiga de los intelectuales y políticos de la época, fue amante de Marx Ernst, y se casó con Renato Leduc, el poeta mexicano, aunque solo fuera para poder escapar de la II Guerra Mundial que se desarrollaba sobre todo en Europa, y no por ser judía, sino por formar parte de la resistencia antifascista de la que formaban parte casi toda la gente joven de la época, hombres y mujeres, artistas o no artistas.

Ciertamente a los 84 años, cuando concedió la última entrevista a los medios de comunicación, no le gustaba "desnudarse" ante el público, ni física ni moralmente, pero de joven sí fue muy provocativa, haciendo que la sociedad pacata de los años cuarenta se escandalizara, sin perder su sentido crítico incluso hacia sus amigos y compañeros artistas intelectuales de la época, a los que, sin ambages, calificaba de "muy machistas, que solo nos quieren para que les sirvamos de amantes, mascotas o enfermeras, pero que nos repudian como artistas".

Leonora firmó muchos cuadros convencionales con pseudónimos, como Leduc, por ejemplo, en honor a su esposo de conveniencia y amigo en el escándalo, y para ganarse la vida, algo nada fácil para la gente que se dedica a la pintura, ya sea hombre o mujer.

La fama importante y la venta de su obra a altos precios, le llegó algo tarde, cosa que compensó siendo muy longeva, además de discreta con el paso de los años, llegando a tener su propio museo en una de las ciudades de su corazón, San Luis

Potosí, en México, gracias a la extensión prolífica
y a la calidad de su obra, que ella consideró siempre más un estilo de feminismo que surrealismo
propiamente dicho, porque la emancipación de la
mujer, aunque fuera un acto individual, era necesaria e importante en este mundo patriarcal y
machista que vive tan inmerso en sus malas e hi-
pócritas costumbres, que no se da cuenta del mal
que se hace a sí mismo.

REMEDIOS VARO

De origen catalán, más que español, y también
refugiada en México por cuestiones políticas, Remedios Varo sí fue una pintora del todo surrealista esotérica y visionaria, donde ella misma era
su obra.

Remedios Varo, la surrealista

Nació el 16 de diciembre del 1908, una Sagitario visionaria, bruja, esotérica, mística, mágica y algo loca, como no podía ser de otra forma, en la provincia de Gerona y en épocas de revolución catalana en contra del Imperio Español, que se volvió peor de lo que ya era, cuando Francisco Franco llegó al poder para formar un gobierno de represión ante cualquier progreso, avance o modernización, y, por supuesto, ante cualquier indicio de intelectualidad, arte o libertad de acción y de pensamiento.

La España que parecía que iba eclosionar en un nuevo siglo de oro, quedó del todo rota y desmembrada.

La España de los primeros años de Remedios parecía abierta y prometedora, nada o poco machista en las clases medias y elevadas, tanto que ella misma no tuvo problemas para ingresar en la prestigiosa Academia de Artes de San Fernando.

A los 22 años, 1930, se casó con un compañero de la Academia, Lizárraga, y se fueron a vivir al republicano barrio de Gracia en Barcelona.

El matrimonio solo duró cinco años, pues Remedios estaba enfocada del todo a su arte y a sus locuras, que a una vida de familia pequeño burguesa.

En Barcelona conoció a varios de los representantes del surrealismo francés de aquel entonces, pero no le sedujeron del todo, y prefirió la compañía de los jóvenes artistas catalanes llenos de ideas tan locas como revolucionarias, como "Los Cadáveres Exquisitos", donde de una escultura, escrito o pintura, se desprendían otras obras subsidiarias, adquiriéndose al grupo Logicofobista, que pretendía la mezcla de todo y de nada, fovista y lógico a la vez, un oxímoron de la vida, con esoterismo de por medio y hasta mediumnismo si hacía falta.

La magia y alquimia pictórica de Remedios Varo

Remedios Varo, a pesar de haber pasado una juventud de huida, primero de España a Francia, con
la llegada del franquismo que no le convenía para
nada a su talante republicano, y luego de Francia a México, por la llegada del terrible e impensa-
ble nazismo y fascismo, siempre supo manejarse y
promocionarse, incluso sin abrazar el muralismo,
tan de moda en el México de entonces, gracias a la
originalidad de su obra y a su carácter buscador
y luchador que no se daba por vencida nunca ni
aceptaba un no como respuesta.

Expuso como mujer pintora casi antes que ninguna otra, sin importarle las críticas, pues estaba
segura y convencida de la impresión que dejaba a

los demás con sus pinturas, tan raras como hermosas, y tan sabias como humorísticas, que no dejaban ni dejan a nadie igual después de haberlas visto.

Siempre dejó huella de su personalidad, carácter y arte por donde pasaba, desde Europa hasta América, de su estancia en París, nos cuenta Isabel Navarro: *Le encantaba unirse a los bohemios surrealistas para fotografiarse vestida de torero, vender pasteles en la calle o mandar cartas a desconocidos cuyos nombres elegía al azar en el listín telefónico, uno de sus "actos surrealistas" favoritos.*

Vampiros vegetarianos, Remedios Varo, 1963

Nunca traicionó a su pintura, ni siquiera cuando se dedicó a la publicidad como diseñadora gráfica en los tiempos en que todo se hacía a lápiz o a pin cel, y no desde un programa informático que facilita las cosas, y siempre fue crítica con el sistema establecido, aburguesado, desigual y machista, en lugar de rendirle pleitesía.

Lejos de depender de varón alguno como compañera de ocasión o como sumisa esposa, fue ella la que mantuvo a su ex y gran amor de su vida, Benjamín Péret, cuando se separaron y él regresó a París en el 47 al finalizar la II Guerra.

Remedios Varo falleció en México el 8 de octubre de 1963, por la puerta de la belleza y armonía artística de Libra, a la temprana edad de 55 años, dejando un legado artístico de lo más impresionante y variado al pueblo mexicano, al que consideró más suyo que a los pueblos europeos que también la habían arropado, por considerarlo del todo místico y mágico.

SAFO

El feminismo es más antiguo de lo que se supone habitualmente, ya que desde la antigua Grecia se levantaron las voces femeninas en busca de un orden social menos opresivo hacia el género contrario o complementario.

Alrededor del 580 antes de la era común romana, en la isla de Lesbos, nació Safo, poeta desde temprana edad de visión aguda y sensible, que casi trescientos años después de su fallecimiento fue considerada como uno de los "Nueve Poetas Líricos" de la lengua griega.

Platón dijo que Safo era sin duda la "Décima Musa", que contenía y expresaba los dones y las virtudes de las Nueve Musas clásicas.

No se sabe mucho de su vida, aunque su obra suele ser interpretada como parte de ella misma, con un amor hacia su propio género, sensible y suave, nada invasivo, lo que ha llevado a consolidar los vocablos safismo y lesbianismo como la relación afectiva, amorosa y sexual entre mujeres, como un canto feminista más.

Safo, en una visión pictórica

Su poesía es lírica, es decir, habla de las sensaciones y los sentimientos de las personas, del amor, del desamor, y del drama de no poder controlar las emociones ni en la vejez, aunque disminuya el furor, ni ante la muerte.

Eros, el amor, y Tanatos, la muerte, lo que nace y lo que se extingue, lo que se cree, se vive y se siente, el poder de Afrodita lejos de toda épica y de los retratos de guerra tan frecuentes en la poesía de la época.

Desde Creta ven, Afrodita, aquí,
a este sacro templo, que un bello bosque
de manzanos hay, y el incienso humea
ya en los altares.

En el siglo VI antes de nuestra era, en Grecia el machismo y el patriarcado aún no se habían impuesto en contra de las mujeres en general, pues las leyes de Solón, en Atenas, y las de Licurgo, en Esparta, aún no se aplicaban, por lo que las mujeres, casadas o no, eran mucho más libres y activas en la vida pública de las incipientes ciudades estado de la cuenca mediterránea y el mar Egeo.

Las relaciones amorosas y sexuales eran mucho más abiertas de lo que son ahora, y la heterosexualidad no era lo mejor del mundo, ni la homosexualidad lo peor, sino simples formas de relacionarse, amar o tener una relación sexual.

Grandes y viriles héroes, como Aquiles, tenían a su amante y compañero sexual para los tiempos de campaña, Patroclo, pero no por ello eran considerados ni enfermos ni desviados, sino hombres de lo más normal, quienes, además, tenían esposa, hijos y amantes mujeres, cuando no animales, sin que nadie se rasgara las vestiduras por ello. Y sí, entre ciudadanos las orgías de sexo, bebida y comida, las famosas bacanales, eran tan habituales como las fiestas de cumpleaños lo son hoy en día, con hetairas y efebos contratados por si hacía falta.

Te invito, Abantis, a que ahora cantes
de Gongula tú y en tu mano el arpa:
¡cómo ya el deseo a redor revuela

de ti, mi bella!,

pues con solo ver su pequeña capa
sientes ya el hechizo, y yo lo gozo,
que es la diosa misma nacida en Chipre
quien te reprocha...

Sí, el sexo hetero, entre hombre y mujer, era considerado el más orgásmico y satisfactorio por ambas partes, tanto, que enamoraba y podía enloquecer a los amantes, como refleja Safo en sus versos, mientras que las otras formas de relaciones sexuales eran simplemente aceptadas, aunque con un cariño diferente al matrimonial y al heterosexual.

Los maestros sodomizaban a sus pupilos sin más intención que la de establecer las diferencias jerárquicas entre profesores y alumnos, como hacen muchos simios, donde la penetración del maestro no es más que un símbolo de respeto por parte del alumno.

El sexo, como tal, podía ser del todo mecánico sin más deseo ni sentimiento que el desfogue inmediato de los genitales, y carecía de toda importancia; pero también podía ser hospitalario, como el que se practicaba en la Isla hermana de Chipre, donde el invitado o la invitada podía contar con un rato o una noche de sexo como acto de hospitalidad de la casa donde llegaba.

También había prostitución de paga, con dicterionas o hetairas, expertas en los lances del sexo, la brujería, la magia y el reposo o descanso de las urgencias genitales, donde algunas dicterionas cobraban para beneficio del templo donde operaban, más que en beneficio propio.

Las prostitutas de templo normalmente no se

casaban, aunque algunas de ellas se liberaban y ponían su propia casa de sexo pagado; las hetairas sí solían casarse o tener amantes fijos, además de descendencia. Ambas atendían tanto a hombres como a mujeres, porque los prostitutos hombre, que los había, eran pocos y no tenían la resistencia ni la capacidad de servicio de las dicterionas y las hetairas.

Los fragmentos de la poesía de Safo que se han encontrado, rescatado y hasta reinterpretado o traducido al gusto de cada época, reflejan este tipo de mundo donde la sexualidad y el afecto entre seres humanos no estaba considerado como algo bajo, sucio o definitivamente pecado.

Hasta el bueno y anciano Sócrates sodomizaba a Alcibíades, como se puede leer en el *Banquete* de Platón, y tenía relaciones con una esposa adolescente, Jantipa, sin que nadie se escandalizara. Tampoco era nada raro ni cuestionable que una mujer madura y rica tuviera un esposo y unos amantes jóvenes, que disfrutaban tanto de la amante madura como de su propia juventud.

Y la noche entera con sus canciones
celebrando pasan tu amor las jóvenes
y a la casadita con mil violetas
en su regazo.

Venga, arriba, novio; salir ahora
con los mozos toca. Que así podremos
ver hoy menos sueño que los pardales
gorgojeantes.

El amor lésbico que propone Safo no suele ser esperpéntico, y ni siquiera con pretensiones revolucionarias o para escandalizar a la sociedad, vengarse de un mal amor o buscar el amparo y la comprensión de otra mujer, en busca del derecho a la castidad o la virginidad, como señalaría Engels, sino un amor sensual, poético, de cariño y admiración, a menudo sin nada de sexo físico de por medio, un amor puro y etéreo entre mujeres que los hombres no saben sentir, ni siquiera los más finos y delicados homosexuales, porque es un amor propio de mujer, y de nadie más.

Otra joven no habrá
como tú,
creo que jamás,
viendo la luz del sol,
para que se pueda decir
que en su divino saber
se te parezca en algo a ti.

No se sabe exactamente cuándo murió la sensible Safo, pero se supone que en la misma isla de Lesbos, a una edad indeterminada, aunque quizá algo mayor porque en algunos textos habla de la disminución de la sexualidad en la vejez, pero no de la sensualidad, que sigue siempre vigente, recordándonos que los afectos, los amores y hasta la sexualidad humana no es pecado alguno, y que tiene tantas y tan diversas formas de expresarse, que debemos disfrutar plenamente en lugar de rechazarlo en nosotras y criticarlo en los demás.

En el sexo puede haber amor, y en el amor puede haber sexo, pero nunca de forma obligada ni necesariamente.

EMILY BRONTË

Uno de los fenómenos literarios más impactante

del siglo XIX, fue, sin duda, la novela *Cumbres borrascosas* (publicada en 1847), tanto por su calidad literaria, por el uso de la primera, la segunda y la tercera persona, todo un hito en su tiempo, sin perder el hilo, y mostrando la cruda realidad de las relaciones amorosas y sexuales de su época, sin caer en la burla, lo grotesco o la exageración dramática, sino exponiendo los hechos tal y cual eran en su tiempo.

Emily Brontë nació en Inglaterra un 30 de julio del 1818, como buena y fiera Leo; y murió en su patria el 19 de diciembre de 1848, en pleno Sagitario, pero tocando las puertas de ascenso de Capricornio.

La inefable Reina Victoria

El siglo XIX ha sido uno de los más machistas en la Europa, un poco menos en la descocada Francia, y todo gracias a una mujer, la reina Victoria, que impulsó el pensamiento de que las mujeres no servían para nada, si acaso solo para esposas, como lo relatara Jane Austin, y los homosexuales, hombres o mujeres, merecían la cárcel, el exilio o la muerte.

En ese entorno se desarrolló Emily Brontë, por lo que tuvo que recurrir a un pseudónimo masculino, Ellis Bell, para poder publicar su obra, de otra manera nunca hubiéramos disfrutado de su escritura.

Junto a sus tres hermanas, Charlotte (autora de *Jane Eyre*), María y Elizabeth y su hermano, Branwell, se inventaron un mundo de fantasía con tres países irreales, Angria, Gondal y Glass Town, donde sucedían las cosas fantásticas ausentes en su mundo real.

Junto con sus hermanas publicó un poemario, pues las tres fueron escritoras que publicaban con pseudónimo masculino y el apellido Bell, con los poemas de Emily considerados como los mejores, mientras que su hermano intentaba dedicarse a la pintura pues no se sentía dotado para la literatura.

ESTROFAS
DE EMILY BRONTE

No lloraré porque me vayas a dejar,
aquí no hay nada que amar.

Y doblemente el mundo oscuro me entristecerá
mientras tu corazón sufra en él.

No lloraré, porque la delicia del verano
siempre debe terminar en amargura;

y hasta la historia más feliz, cuando concluye,
lo hace con una tumba.

Estoy cansada de la angustia
que hace los inviernos insoportables,
cansada de ver languidecer el espíritu
durante años de desesperación mortal.

Así que, si una lágrima, cuando te estés muriendo,
llegara a derramar,
es solo porque mi alma está suspirando
por marcharse y descansar contigo.

Hay quien interpreta que este poema estaba dedicado precisamente a su hermano Branwell, quien fracasó como pintor y además perdió su empleo en el ferrocarril, por lo que se dedicó a beber y a fumar opio a expensas de sus hermanas, que escribían y también trabajaban sin buscar especialmente refugio en el matrimonio.

Emily lo aceptó, toleró y cuidó hasta que el alcohol y el opio acabaron con la vida de Branwell, desafiando a la sociedad y a la moral victoriana, que veían en esa dedicación algo más que caridad cristiana, quizá un incesto, aunque no hubo ni hay pruebas de ello, pero tomando en cuenta el carácter disciplinado, activo y férreo de Emily, era raro que tuviera tanto apego a un hombre, su hermano, que llegaba a casa todas las madrugadas sucio y drogado.

Emily no supo nunca el alcance de sus escritos y publicaciones, pues murió apenas un año después de la publicación de *Cumbres borrascosas*, pero sí se enteró de su buena acogida por los lectores y de sus buenas ventas.

166

Emily Brontë

Su hermana Charlotte, que le sobrevivió, sí lo supo y leyó con interés las críticas literarias de las obras de Emily, y de las suyas propias, por lo que decidió quitarse el pseudónimo masculino y presentarse al público como escritora hembra, rescatando de paso la femineidad de Emily, con una calidad literaria tan elevada, que las buenas conciencias victorianas apenas si fueron capaces de reaccionar para señalarlas de pecadoras y soberbias, como lo expresara el poeta Robert Southey: *La literatura no es asunto de mujeres y no debería serlo nunca*, algo que la misma reina Victoria habría suscrito.

Emily Brontë fue una feminista de acción y de hechosdemostrando que las mujeres son válidas y talentosas en todos los terrenos y planos de la existencia, capaces de triunfar en un mundo considerado solo para hombres, sin más aspavientos que sus propias capacidades y dones.

EL VIEJO ESTOICO

Las riquezas tengo en poca estima;
y del amor me río con desprecio;
y el deseo de la fama fue solo un sueño
que desapareció con la mañana.

Y si rezo, la única oración
que mueve mis labios es:

"¡Dejad que se vaya el corazón que ahora soporto
y dadme libertad!".

Sí, cuando mis días veloces se acerquen a su meta,
eso es todo lo que imploro:
en la vida y en la muerte ¡un alma sin cadenas!,
con valor de verdad y resistencia.

Una vieja de 30 años, estoica convencida, frugal en lo que se debe ser frugal, discreta en lo que se debe ser discreta, y en busca siempre del verdadero amor y la verdadera libertad, más allá de ideologías opresoras y de todo tipo de fronteras.

Sor Juana Inés de la Cruz

Si hablamos de mujeres escritoras y poetas, sabias luchadoras en entornos difíciles para el talante y el talento femenino, la mexicana Sor Juana Inés de la Cruz es un claro ejemplo de ello.

Desde muy pequeña y en una alejada ranchería del México del siglo XVII, se interesó por los libros y por el estudio, algo que estaba destinado prácticamente solo a los hombres, y no a todos.

Juana nació en la ranchería de San Miguel Nepantla, el 12 de noviembre del 1648, una Escorpio como tantas otras grandes científicas y escritoras, aunque la registraron hasta tres años después, algo muy común en su época; y murió el 17 de abril de 1695, abriendo la puerta de Aries hacia lo desconocido.

Como a Safo, hubo quien la llamó "la décima musa", aunque ella siempre prefirió ser la protagonista y no la musa de nadie, por ser un papel tópico donde la mujer solo inspira, sirve de modelo, de amante o de esposa, sin un valor creativo por ella misma.

Fue hija natural, pues sus padres no estaban casados, pero en el México de aquel entonces, e incluso en el de ahora, eso no era ningún problema, porque los señores acostumbraban, y aún acostumbran, a tener hijos con varias mujeres, o al menos dos, y fungir como padres en todas las casas donde hubiera descendencia suya, sin llegar a una poligamia legal, pero casi nunca velada o encubierta. Las mujeres de ese tiempo eran muy conscientes de dicha situación, donde una de ellas era la oficial, la "catedral", de la misma clase y posición económica que el señor, y el resto eran las "capillitas", sin que nadie se llamara a engaño o se sorprendiera.

Antes de ser monja y habiéndose instalado en la capital del país con la intención de seguir estudiando, fue cortesana del palacio virreinal, más por necesidad que por gusto, ya que las cortesanas, sin llegar a ser prostitutas de facto, estaban a la "venta" ante los caballeros y caballeretes de la corona virreinal, por si alguno de ellos se interesaba en la mercancía y la "compraba" como esposa.

169

En lugar de eso, trabó amistad con las damas de la corte y hasta con las virreinas, a las que les escribió sendos poemas barrocos de apreciación a su persona.

Sor Juana en su estudio del convento

Estos poemas de apreciación a un personaje de la realeza eran muy comunes y repetitivos en su época, tanto, que hasta poetas como Quevedo los hicieron para quedar bien con sus mecenas.

Tener un mecenas en la corte era garantía de contar con algo de dinero, o de conseguir un empleo, y Sor Juana lo que consiguió fue un lugar de estudio en el monasterio, primero con las carmelitas y finalmente con las jerónimas, donde pasó casi toda su vida.

Durante años, cumplir con la vida del convento no fue gran problema, pues la disciplina y los votos a los que estaba sujeta no le impedían leer y estudiar todo lo que quisiera.

Su amistad con las virreinas era suficiente para mantener sus privilegios, incluso hubo la leyenda de que fue amante de una de ellas, algo que no era imposible del todo, pero que estaba muy lejos de la vida real de la monja, a pesar de los poemas barrocos que les dedicó a varios personajes de la realeza, y hasta a clérigos y monjas, pues era una forma de que la tuvieran en cuenta.

Como monja privilegiada, también tuvo la ocasión de publicar sus poemas líricos, los que hablaban del amor y de la vida común, y que llegaron a España, donde fueron considerados parte del Siglo de Oro, junto con los reputados Quevedo, en la parte española, y Góngora, en la parte novohispana, entre muchos otros.

Sor Juana era una erudita en mitología, astronomía, cálculo, filosofía, teología y lenguas autóctonas, además de poeta, escritora, dramaturga y gran lectora; y gracias a su sapiencia y fama editorial a pesar de estar semi encerrada en el convento de las jerónimas, despertó no pocas envidias en su entorno más inmediato y hasta en otros escritores de su tiempo.

Sus célebres redondillas, que impactaron a críticos y a amantes de la poesía de medio mundo hispano y novohispano, porque además de líricas y amorosas eran críticas y agudas, con una gran visión sobre la naturaleza humana, le dieron un reconocimiento inesperado, que a la postre le trajo más dolores de cabeza que alegrías.

HOMBRES NECIOS

Hombres necios que acusáis
a la mujer sin razón,
sin ver que sois la ocasión
de lo mismo que culpáis:

si, con ansia sin igual
solicitáis su desdén,
¿por qué queréis que obren bien
si las incitáis al mal?

Combatís su resistencia
y luego, con gravedad,
decís que fue liviandad
lo que hizo la diligencia.

Dan vuestras amantes penas
a sus libertades alas,
y después de hacerlas malas
las queréis hallar muy buenas.

¿Cuál mayor culpa ha tenido
en una pasión errada:
la que cae de rogada,
o el que ruega de caído?

¿O cuál es más de culpar,
aunque cualquiera mal haga:
la que peca por la paga,
o el que paga por pecar?

Pues, ¿para qué os espantáis
de la culpa que tenéis?
Queredlas cual las hacéis
o hacedlas cual las buscáis.

Por el simple hecho de ser mujer y monja, y escribir poemas como el anterior, fue ampliamente criticada y se le inventaron toda clase de falsas y escandalosas historias, las cuales han trascendido hasta nuestros días aunque no hay base alguna que las sostenga.

Lo que sí fue cierto es que las autoridades eclesiásticas, debido a su fama de escritora, la llamaron al orden y la obligaron a que cumpliera y renovara sus votos, donde la vanidad y la soberbia que nacen de la fama en el mundo, demonio y carne, deberían estar fuera, por lo que debía renunciar a los triunfos de su vida mundana y externa, y dedicarse por completo a la fe católica como monja y esposa de Dios que era, en lugar de andarse exhibiendo como poeta ante los ojos profanos.

Juana acató, y en su renuncia al mundo externo escribió "soy la peor de todas", pues enfrascada en la composición de versos líricos y la observación de los astros, había dejado de lado sus obligaciones con lo divino.

Sobre Sor Juana hay cientos de libros escritos, ya sea bajo la lupa seudo psicológica del premio Nobel, don Octavio Paz, o bajo el prisma más desenfadado, aunque más cercano a la ficción novelada que a la realidad, de Mónica Lavín.

El caso es que dejó de estudiar y de escribir, y se dedicó de pleno a la oración y la vida de monasterio, socorriendo a los pobres desde la Orden, hasta cuidando a los enfermos, además de lavar, limpiar, levantarse al rayar el sol y obedecer las órdenes de sus superioras, incluso las más absurdas, renunciando a la magia y a la riqueza de su mundo interno, sin más privilegio que cualquiera de sus compañeras.

Renunció a sí misma, y quizá eso la mató de tristeza, más que el encierro y la enfermedad. Una monja feminista, que ganó a unos cuantos sabios de su época y les obligó a admitir que ella era merecedora de un buen título universitario, por más que se lo negaran por estúpidas razones de género, fue finalmente vencida por las creencias religiosas de su época con apenas 47 años de edad, privándonos de su sabia madurez y de obras inimaginables que, sin duda, hubieran surgido de su talento femenino y natural.

GLORIA FUERTES

Para mí es un honor rendirle homenaje a una gran mujer y poeta, que decía de sí misma: "soy lesbiana, gorda, vieja y fea, ¡todo un poema!", y se reía, como se reía de todo el mundo y de todas las cosas y temas, sin dejar de ser crítica, luchadora incansable por los derechos de la mujer, y rebelde ante las injusticias de la vida, que vivió en carne propia y de manera directa.

Gloria nació en Madrid, un 28 de julio de 1917, brava nativa de Leo, y falleció el 27 de noviembre de 1998, siguiendo la flecha del Centauro, fogosa e hiperactiva, según algunos de sus coetáneos, pero también con un humor de perros y hasta dormilona y perezosa, dirían otros que la conocieron más de cerca. A pesar de estar abiertamente en contra del régimen franquista, fue considerada parte de la Generación Poética del 50, tras la posguerra, y sus poemas y guiones llevados a la rancia televisión española de un solo canal, en programas para niños principalmente, además de recibir premios y reconocimientos por sus obras de teatro y por sus poemas, aunque se quejaba siempre:

La entrañable Gloria Fuertes

"Nadie me toma en cuenta ni en serio, ni para perseguirme y meterme en la cárcel, ni para premiar mi excelsa obra", y se reía entre broma y broma.

"Pero sí te han premiado, y mucho", alguien le reclamaba. "Sí", respondía, "pero es porque me quejo, si no nadie me haría caso".

Su familia, humilde y vecina del popular barrio madrileño de Lavapiés, tampoco la tomó muy en cuenta cuando a los cinco años de edad ya leía, escribía y se inventaba sus propios cuentos e historias.

"Cuando mi madre me veía con un libro, me pegaba. Nadie de mi familia me dijo nunca "escribe, hija, escribe, que lo haces bien…". Nadie. No tengo nada que agradecer a mi familia. Pero cuando se quiere una cosa, aunque tu familia no te ayude, se consigue. Si vales de verdad y quieres algo con todas tus ganas, sales adelante seguro."

Tuvo mucha más suerte y muchas más facilidades que otros autores y autoras de su tiempo y de su entorno, pero, como ella decía, era porque había persistido en todo y para todo a pesar de estar siempre al borde:

AL BORDE

Soy alta;
en la guerra
llegué a pesar cuarenta kilos.

He estado al borde de la tuberculosis,
al borde de la cárcel,
al borde de la amistad,
al borde del arte,
al borde del suicidio,
al borde de la misericordia,
al borde de la envidia,
al borde de la fama,
al borde del amor,
al borde de la playa,
y, poco a poco, me fue dando sueño,
y aquí estoy durmiendo al borde,
al borde de despertar.

"Mi vida amorosa, a pesar de ser lesbiana declarada, ha sido muy tranquila, solo dos parejas y una oportunidad perdida"; a cambio fue muy activa en el campo del feminismo, los derechos humanos, la protección a la infancia, de la difusión del arte, del teatro y, por supuesto, de la poesía, aunque hubiera preferido ser más conocida por textos que no fueran los que aparecían en la televisión:

Un globo,
dos globos,
tres globos,
la luna es un globo
que se me escapó.

Un globo,
dos globos,
tres globos,
la tierra es un globo
donde vivo yo.

Fue su poesía más popularmente conocida, y un canto de varias generaciones de españoles, sin dejar de lado que fue una activa luchadora social que buscó un nuevo modelo de ser mujer, y que reflejó en obras como *Melchora, Gaspara y Baltasara*, dándole un giro positivo y hasta tradicional a los roles masculino y femenino.

Fumadora empedernida, murió de cáncer de pulmón a los 81 años de edad, de forma beatífica y sin extrañar las cosas de la vida, esperando que el más allá fuera menos desagradable que esta vida:

Todos los míos han muerto hace años
y estoy más sola que yo misma.

Sus amigos poetas y artistas de la juventud, con los que había compartido proyectos e ilusiones, habían muerto o se habían alejado de ella, unos por celos y otros porque veían algo raro en ella, como sus becas literarias sin haber estudiado letras ni nada parecido, una de ellas la *Fullbright*; o la curiosidad de dar clases en una universidad norteamericana si tener estudios superiores; o el haber recibido varios premios literarios a pesar de que se le considerara rebelde y contraria al sistema.

Lo más sorprendente para una mujer que trabajó de todo, desde taquígrafa hasta maestra de español para extranjeros en Madrid, mientras hacía sus poemas y se dedicaba al activismo por las tardes, es que dejó una herencia de 100 millones de pesetas, y que si bien se convirtió en una donación para un hospicio, nadie supo explicar cómo pudo amasar esa fortuna, lo que llenó de especulaciones al mundo literario del Madrid de los 80; ¿era una espía del régimen? ¿Una agente doble de la CIA? ¿Tenía un negocio clandestino de algo prohibido? Porque contando los sueldos que había ganado, y restándole el tren de vida que llevaba, no daba para esa cifra, mientras que la Hacienda española, tan persecutoria en casos parecidos, no dijo nada de nada. Quizá solo tenía muy buenas amistades en puntos clave, o era más grande y astuta de lo que muchos suponían tanto en el arte como en las finanzas, una poeta auténtica que triunfó a su manera y a pesar de todos los obstáculos y pesares, algo que, según dicen en España, no se le perdona a nadie.

Mary Shelley

Bastaría con decir que es la pionera de la novela gótica y de terror, la creadora del famosísimo monstruo de Frankenstein en su novela *El moderno Prometeo*, que nace tras una apuesta entre jóvenes escritores, incluido su esposo, el señor Percy Shelley, que por aquel entonces era un afamado poetas, para ver quién de ellos era el primero en escribir y publicar una novela, y la ganadora fue la muy joven Mary Shelley, con una obra que perduraría a través de los tiempos.

Frankenstein, el moderno Prometeo

Nacida en Londres y de muy buena familia, el 30 de agosto de 1797, una hermosa y avispada Virgo del primer decanato; y terminó sus días en este planeta el 1 de febrero de 1851, por la puerta innovadora y futurista de Acuario, dejando una profunda huella de lo que puede hacer una mujer en esta vida.

Puro poder de lo más femenino.

Algo que no es de extrañar si tomamos en cuenta que su madre fue la filósofa Mary Wollstonecraft, la no menos famosa escritora del libro fundacional del feminismo para el mundo entero: *La Vindicación de los Derechos de la Mujer*, en pleno siglo XVIII. Casi nada.

La romántica y trágica Mary Shelley

A los 17 años de edad se fugó con el poeta Shelley, hombre casado que abandonó a su primera
esposa por vivir el romance prohibido con Mary
Godwin (su nombre de soltera) durante dos años,
que acabaron con el suicidio de la abandonada y
el matrimonio con el poeta, quien fallecería cuatro
años después al hundirse en un velero, tal vez maldito por la suicida abandonada que así se cobraba
venganza.

El primer hijo de la romántica y trágica pareja,
nació mal y murió pronto, lo mismo que el segundo
y el tercero, pero el cuarto salió bien y fue el consuelo de Mary durante un par de décadas, hasta
que ella también falleció, debido a diversos males,

a los 53 años. Sin duda una vida de terror romántico como su novela.

Durante su corta y dura vida, romántica y terrible a la vez, Mary Shelley se dedicó a escribir, escribir y a escribir, demostrando todo lo que puede hacer una mujer para superar todas las monstruosas desgracias que se le vengan encima.

PITA AMOR

Pero si hay una poeta especial, completamente fuera de todo lo común, esa es Pita Amor, nacida un 30 de mayo del año 1918, toda una Géminis genio de la comunicación y completamente fuera de este mundo; para fallecer el 8 de mayo del año 2000, por la puerta de la iluminación divina de Tauro.

La bella locura de Pita Amor

Desde su adolescencia fue amante de quien quiso ser amante, escribió lo que quiso escribir, vivió como quiso vivir y no se dejó dominar por nada ni por nadie, "no me dejo dominar ni por misma", decía, porque a menudo lo que nos enseñan desde niñas nos asalta y nos hace comportarnos de forma pacata, hipócrita o sumisa, y Pita no deseaba sucumbir a la enseñanza reglada, programada y condicionada, "como los perros de Pávlov", y prefería hacer lo que sentía, aunque en los mismos sueños y sentimientos puede subyacer el adoctrinamiento y la mentira.

Fue madre para ver qué se sentía parir, y porque biológicamente podía, pero no fue madre para criar y educar a su propio hijo, del que se encargó su hermana mayor.

No le gustaba jugar el rol de madre que tanto se alaba, buena, amantísima, sacrificada, cuidadora, enfermera y maestra, que renegaba de su propia vida para entregarse a la labor materna.

Ella se sentía de lo más normal, pues hacía lo que le apetecía a su naturaleza franca, sincera y apasionada, así que se reía de los escándalos que decían que ella provocaba. "Se escandalizan de sus miedos de sus malos pensamientos, no de mí".

VI EN EL ESPEJO

Vi en el espejo un personaje raro
un pájaro de sombras taciturno,
del polaco Chopin, oí un nocturno
y vendí mi reloj a un viejo avaro.

Tu traje oscuro, que costó tan caro
las refulgentes luces de Saturno
el comandante que cambió de turno
y la niña que juega con el aro.

Un telegrama que me ha enviado Emilio
y yo pidiéndole al demonio auxilio
en las tabernas de vinos asesinos

los burdeles de vicios clandestinos
los imanes, las grises cerraduras...
También las misteriosas cerraduras.

Tuvo tantos amantes como mecenas y padrinos, se juntó con la crema y nata de la literatura y de la intelectualidad, pero nunca pidió favores ni mendigó dinero, casa o cariño, pues prefería vender sus poemas en la calle para pagarse sus comidas y sus vicios.

Si le daban algo, o si la querían mantener, aguantar y regalar, lo aceptaba sin ninguna afección ni problema, lo agradecía sucintamente y después hacía lo que le venía en gana, como malbaratar las joyas que le regalaban, pues no se entregaba ni se vendía a nadie ni a nada, y así vivió casi hasta los 82 años de edad, vieja y marchita por fuera, pero por dentro siempre un espíritu libre, alocado y juvenil, más feminista que muchas feministas de todos los tiempos.

Hay muchas más artistas importantes que han influido en el mundo entero, pero he puesto a mis favoritas, esperando que sean del agrado de la gente que me lee y que se identifica con ellas.

Entre las que se me quedan en el tintero más amplio, están las siguientes:

-Alfonsina Storni, poeta lírica imperdible, argentina y suicida por exceso de sensibilidad y falta de respuesta amorosa.

-Alejandra Pizarnik, creadora de un nuevo lenguaje poético en pleno siglo XX, también suicida, por no soportar un mundo hostil e hipócrita, que ni siquiera se daba cuenta de serlo, como su amigo Cortázar: "No quiero que sean buenos conmigo, simplemente quiero que sean."

Alejandra Pizarnik, esencia de poeta

-Gabriela Mistral, premio Nobel de Literatura, con una poesía lírica sencilla, pero profunda y sensible, que no le gustaba nada a Borges, porque la grosería y la soberbia propia de algunos bonaerenses, no es capaz de comprender lo sencillo.

-Emily Dickinson, poeta sentida y desconocida por mucho tiempo, rescatada y puesta en el Parnaso estadounidense, murió a los 36 años de edad de enfermedad renal, en lo que muchos califican un largo suicidio, pues consideran que vivió eternamente deprimida.

-Rosario Castellanos, poeta y feminista de lo cotidiano, profesora, periodista, diplomática y, según algunas voces, incluso espía en Israel, lo que pudo haberle costado la vida en un extraño accidente.

Rosario Castellanos, feminista de lo cotidiano

Reconocidas o no en su momento, más o menos publicitadas, muchas de ellas incómodas en este mundo machista y patriarcal, que no mejora nunca lo suficiente con el paso de los años ni cambia del todo para darle a las mujeres el espacio que se merecen, y que siempre está en vistas de mejorar.

De cualquier manera, la juventud se abre paso y las artistas van conquistando poco a poco el derecho a ejercer su profesión, pintar, escribir, construir, esculpir, bailar, cantar y crear, siempre crear, porque el poder femenino es inherentemente creativo, dador de vida y de luz en todos los planos de la existencia.

Por suerte, conozco a varias pintoras y escritoras jóvenes y actuales, que espero que pasen a la posteridad sin tanto drama y sin caer en las garras del sistema y el patriarcado, lo que no es nada fácil, porque a menudo los mecenas de los artistas jóvenes no son Cicerón, sino el Estado, mafias o grupos políticos y religiosos, y la promoción y la publicidad no la regalan ni los medios ni los periodistas más sanos, si es que los hay.

Ellas son Sofía Alvarado, escritora y poeta (no sé por qué siempre se separan estos términos que para mí, en mi ignorancia infinita, son lo mismo), de una calidad literaria de lo más elevada; y Rubí Quintana, pintora que ha llevado una evolución de lo más interesante, y que no baja la guardia.

He conocido a muchas otras promesas jóvenes en el mundo del arte, desde escultoras hasta artesanas que para mí son más artistas que mucha gente famosa, así como poetas que me recuerdan a mi amada Pita Amor, y escritoras del todo salvaje y revolucionarias, o sencillas y cotidianas, que se han perdido en el camino o que se han quedado en el limbo de la comodidad, e incluso que han abandonado por cuestiones nada importantes ni trascendentales que no vienen al caso.

Las hay que no han abandonado su talento y que lo siguen cultivando y mejorando, pero lejos de los focos y sin ningún interés en la fama, la gloria o el dinero, sino en su creación por sí misma, a la que consideran tan mortal y perecedera como la vida misma. Quizá estas sean realmente las más elevadas y las mejores, puro poder femenino en su más clara esencia. Vaya todo mi cariño con ellas.

VI

EL PODER FEMENINO EN LAS CIENCIAS

*Aunque no lo parezca,
el mundo interno y microscópico
es mucho más grande y maravilloso
que el mundo externo.*

URANIA, LA NOVENA MUSA

Desde las primeras experiencias químicas de confeccionar un plato, de ablandar la carne, de hacer cerveza y otras bebidas y salsas con la propia saliva, usar el fuego para cocer y el humo para ahumar los alimentos, hasta el descubrimiento de la radiación o el uso de algoritmos para mejorar la comunicación, el poder femenino ha estado presente y ha sido inventor, creador y descubridor de miles aspectos de lo que llamamos ciencia.

Unas más conocidas que otras porque ni el patriarcado más acendrado las ha podido borrar de la historia, las mujeres han sido verdaderas genios de la física, la química, las matemáticas, las ciencias naturales y las ciencias sociales, sin importar que en muchos casos sus profesores, jefes o patrones se hayan colgado la medalla y robado el crédito de sus aportes y descubrimientos, como también sucede en el caso de muchos científicos hombres, porque la falta de ética y los deseos de ganar premios y reconocimiento son errores muy comunes de la condición humana.

Sí, en la ciencia también hay drama, tragedia, odios, envidias, competencias mal sanas, y hasta noble y buena conducta, al fin y al cabo es una creación humana.

Ser más listo, ser más sabio, tener la razón, dominar una técnica, especializarse en un conocimiento, recibir el premio Nobel, y demás feria de las vanidades, está presentes en casi todos los ámbitos y planos de la sociedad humana, afectando incluso a algunas mujeres, aunque en su mayoría han demostrar estar menos afectadas que los hombres en casi todos los terrenos.

La ciencia no es una excepción, aunque sí es de radical importancia para el crecimiento y la evolución humana, hasta cuando se equivoca y produce la muerte y la destrucción en lugar de lograr un vida más plena y más sana, como en el caso de las aplicaciones nucleares.

La mujer parece más empática con el entorno y con sus congéneres, por lo que su presencia en la ciencia es doblemente valiosa, cada vez más abundante y notable, por el bien de la humanidad.

Hasta hace poco tiempo, muchas mujeres con posibilidades de desarrollo personal en la ciencia, colgaban el título y dejaban de lado sus sueños intelectuales y profesionales al casarse.

Personalmente, conozco a una brillante doctora en Ciencias Químicas que lo dejó todo para ser la sombra, madre y esposa de su marido, que a duras penas superó el examen de licenciatura.

Tuvo seis hijos y durante 35 años no volvió a tocar un libro.

Dice que no se arrepiente, pero que sí lo lamenta, sobre todo ahora que tiene que dar clases de química en una pequeña escuela privada de clase media baja, porque la pensión de viudez no le alcanza para mantenerse a sí misma, y sus amados hijos no parecen muy interesados en prestarle demasiada atención ni económica ni afectiva, a pesar de ser unas magníficas personas.

Por supuesto que dedicarse a la ciencia no es un camino de rosas, aunque es más suave, seguro y rentable que la dedicación artística. Mi favorita en este terreno es, sin duda alguna, Madame Curie, una Escorpio tenaz y genial, con dos premios Nobel a la espalda y feminista de facto, pero no es la única en merecer ser mencionada, también lo son las siguientes figuras del poder femenino en las ciencias:

-La tristemente famosa, astrónoma, matemática y filósofa, Hipatia de Alejandría, linchada en nombre de Cristo y en la necedad que no hay más libro que la Biblia.

-Diótima, la filósofa de la vida y del amor, capaz de disertar a la altura de Sócrates y de enseñarle tres o cuatro cosas de la condición humana.

-Andresa Casamayor, sorprendente y precoz matemática del siglo XVIII en la floreciente Zaragoza española, donde aún pervive su memoria.

-Marie Curie, ganadora de dos premios Nobel en un mundo decimonónico y aun victoriano que no apostaba por la genialidad de las mujeres en ninguno de los campos intelectuales.

-María Sibylla Marian, entomóloga e ilustradora científica, todo un arte aplicado a los avatares de la ciencia, con las biografías de algunas de las mujeres científicas más destacadas del momento y de la historia.

-Wang Zhenyi, reputada astrónoma, poeta y matemática.

-Hedy Lamarr, físico matemática que abrió el camino hacia Internet, sin ella todavía seguiríamos mandado las románticas cartas.

-Simone de Beauvoir, filósofa y socióloga, precursora de un feminismo intelectual que no gustó a otras feministas menos intelectuales y más radicales.

Simone de Beauvoir, la feminista intelectual

-Irene Juliot Curie, hija de Madame Curie y premio Nobel por sus trabajos sobre la aplicación de la radioactividad.

-Mary Anning, arqueóloga y paleontóloga.

-Cleopatra Ptolomeo, química, políglota, política, diplomática, investigadora y reina de Egipto.

-Ada Lovelace, la primera programadora infor-
mática ¡del siglo XIX!, gracias a su talento y don
para las matemáticas.

Ada Lovelace, la primera programadora

Y como ellas, cientos y hasta miles de mujeres
de ciencia y tecnología, así como estudiosas e investigadoras en los más diversos campos de la tecnología y la nanotecnología que está innovando en
todos los campos de la física, la química, la biología y la medicina. Recomiendo la página web de
Mujeres con ciencia, en donde vienen sus nombres
y sus biografías, desde las más antiguas hasta las

más modernas, algunas discretas y serias socialmente, y otras con verdaderas vidas de drama, pasión y telenovela. Y, por supuesto, tú puedes llegar a ser una de ellas.

VII
EL PODER FEMENINO
EN LA VIDA COTIDIANA

Cansada de esperarte
con mis brazos vacíos de caricias,
con ansias de estrecharte
pensaba en las delicias
de esas noches, pasadas y ficticias.
PITA AMOR

El amor puede ser un fenómeno tan propio y particular para cada persona, como universal, pero hay comportamientos básicos en el grueso de la humanidad, hombres y mujeres, que dependen tanto del ambiente como de los genes y las funciones fisiológicas, pero el resto es muy diverso, por lo que hay mujeres de muchos tipos, ideas, convicciones y, por supuesto, comportamientos.

También es cierto que las sociedades humanas llevan divididas, polarizadas y jerarquizadas mucho tiempo, y que no es lo mismo ser una mujer paria de la India, que una mujer rica y profesionista de Norteamérica, por mucho que ambas pertenezcan al llamado género femenino, o simplemente sean hembras desde el punto de vista de la biología.

Hay ideologías para todos los gustos, lo mismo que hay creencias religiosas que unas defienden a capa y espada y otras denigran o se burlan de ellas, y no solo porque a los políticos de turno les convenga mantener las diferencias, sino porque las mujeres, como cualquier animal o ser humano, alimentan sus pensamientos con lo que el mundo les ofrece, bueno o malo, en espera de la identificación, basada en la educación temprana, para que cada una de ellas crea lo que imagina como pensamiento libre, propio y electivo, y que puede estar perfectamente a favor de sus intereses personales.

El comportamiento es diverso, y a veces contradictorio, y mientras unas quieran convencer a las otras que sus creencias son las buenas y las que se deben seguir, las otras se negarán a obedecerlas, pues además de las supuestas convicciones, están el ego, la competencia, los intereses y los deseos de imponer las propias ideas.

Nos gusta que las demás personas piensen como nosotras, pues así nos sentimos seguras, listas, entendidas y acogidas moral, intelectual y emocionalmente.

Nos criticamos unas a otras porque creemos estar en lo correcto, o porque ya hemos invertido mucho tiempo y esfuerzo en una forma de vida, y esperamos que nos siga dando réditos.

Las sociedades patriarcales siempre nos han tachado de frágiles, "seres con cabellos largos e ideas cortas", a decir de La Rochefoucauld, necias e incapaces de reconocer errores, maldades, traiciones y, por supuesto, formas de pensamiento que no sean los que estamos blandiendo en este preciso momento:

FRÁGIL

No se lo digáis a nadie,
pues por accidente

me comí una mosca,
mosca de la fruta,
mosca de la casa,
mosca panteonera,
¡mosca deliciosa!,
crujiente y tierna a la vez,
un dulce gozo
antes de que me ganara
el asco prejuicioso.

Qué frágil es la convicción,
qué frágil es el pensamiento,
qué frágiles son los gustos
el amor y la memoria,
mas debo cazarlas en secreto,
o cultivarlas,
¡qué frágil soy!,
fingiendo ante los demás
que las odio
las repudio y las detesto,
no sea que me borren
de su historia.

Todas las mujeres somos aparentemente frágiles, pero nadie nos gana a astucia y resistencia.

Somos sensibles, sí, ya a menudo lloramos por todo, tanto de alegría como de tristeza, y lo mismo si ganamos o si perdemos, pero llorar por cualquier cosa no nos hace débiles, simplemente refleja que tenemos el alma y los sentimientos a flor de piel, aunque en ocasiones podemos ser más frías que el hielo y más duras que las piedras, porque sabemos que hay momentos en la vida que requieren de nuestra fortaleza, y ahí donde se hunden muchos hombres sanos, jóvenes, fuertes y viriles, nosotras salimos a flote y listas para la próxima contienda.

Hay mujeres a las que no les gusta esta vida y huyen de ella, pero no por fragilidad ni por debilidad, sino porque ejercen su capacidad de elección y buscan en otro lugar no que aquí no encuentran. Además, según las estadísticas, nosotras amenazamos más con eso del suicidio, pero los que salen por la puerta falsa son hombres en su mayoría, lo que sucede es que ellos no siempre avisan.

Hay mujeres más valientes y aguerridas que otras, más altas o más bajas, más apasionadas o más frías, más listas o más tontas, o más hábiles en unas tareas y más torpes en otras, lesbianas, asexuales, modosas, de sus labores, de su casa, madres amorosas y entregadas, o escandalosas, libres y del todo locas, y hasta enamoradas y apasionadas que no tienen suficiente con un solo hombre.

No todas somos iguales, afortunadamente, por eso algunas de nosotras tampoco queremos ser iguales a los hombres de ninguna manera, ni ganar lo mismo ni tener sus privilegios de vida pública, ni fanfarronear por tener un coche o gastar dinero en bares y sitios caros de falso abolengo, sino que queremos más, mucho más que parecernos a ellos; ganar mucho más dinero; estar por delante de todos y de todo; mandar, gobernar y dirigir mejor que nadie.

Hay mujeres felices siendo amas de casa tradicional que aseguran su vejez en el entorno familiar, y que no les gustan las intrusiones en sus dominios, ellas hacen todo lo que corresponde a su hogar y no dejan que nadie les "ayude".

Y no hay ningún desdoro en hacerlo de esa manera, pues es la forma en que triunfan y se ganan la vida, incluso si no cobran un salario por hacerlo, pues también suelen sacarle partido a la economía casera por tacaño que sea el marido.

Están a las que les gusta el lujo y los símbolos de poder y seguridad, y a cambio brindan su compañía y su belleza, pero deben ser precavidas y ahorrar para su vejez, además de tener un buen y jugoso seguro de vida a nombre de su marido, porque la belleza y la juventud se acaban más rápido de lo deseado, y los maridos suelen morir antes que las esposas.

Apostarlo todo al gozo del momento puede salir bastante caro en todos los casos.

LAS SUPERMUJERES

No faltan las que se ocupan del hogar y de su profesión, y que acaparan las faenas del hogar tanto como sus triunfos laborales, y aunque se ha dejado de llamarles supermujeres, lo siguen siendo de alguna forma.

Son organizadas y les da tiempo para todo, incluso para ir al gimnasio y mantenerse en forma lo mejor posible, y apenas dejan que el marido o los hijos las ayuden, porque creen y sienten que pueden con todo, sobre todo cuando son jóvenes y no caen enfermas, porque siempre puede llegar el momento en que recurran a las servidoras domésticas que les alivianen un poco el panorama, pero no dejan de querer controlarlo todo.

Generalmente, ahorran e invierten en un buen patrimonio, además de asegurar su jubilación o su plan de pensiones, que casi nunca son lo que parecen porque tanto el Estado como los bancos no son muy honrados que digamos, pero que son un respaldo de seguridad importante.

Por supuesto, no es lo mismo ser una supermujer con uno o dos hijos y en un país desarrollado, que con seis o siete hijos en un país tercermundista, con padre ausente y que no cumple con la pensión alimenticia, y con pocas o nulas ayudas del Estado, si bien es cierto que hay casos como el de una colombiana que tiene 20 hijos de 20 padres diferentes, y que el gobierno colombiano la apoya con una cantidad determinada por cada hijo, lo que viene a ser un salario casi decente.

Sí, hay mujeres que pueden con todo y más, y que sacan a sus hijos adelante como pueden y tras largos años de esfuerzos y trabajos mal pagados, o realizando cualquier tipo de comercio informal, como hizo mi estimada Doña Divina que fue mi nana y servidora mientras vendía todo tipo de mercancías sin dejar de ocuparse de la comida y la limpieza de su humilde casa, sacando adelante nada más ni nada menos que a 10 magníficas personas, 7 mujeres y tres hombres, sin apenas ayuda de sus tres o cuatro maridos, e incluso ayudando económicamente al último de ellos.

No conozco ni tengo noticia de ningún hombre, encumbrado y rico o humilde y pobre, que sea o haya sido capaz de tales gestas, con lo que mantener a dos familias de dos o tres hijos cada una, no es ninguna proeza, sino generalmente una vileza, porque esa manutención suele ser parca y él se encarga poco o nada de las labores del hogar, y raras veces atiende o se hace cargo de la educación, compañía, cuidado y cariño a sus descendientes, porque de esas cosas se encargan ellas.

El matrimonio,
ESE CUENTO DE HADAS

En mi país, y sobre todo en lo que respecta a las mujeres de mi generación, casarse pasaba por ser una de las cosas más importantes del mundo.

Se soñaba con la celebración y el vestido de boda como algo grande y preciado.

No importaba lo que sucediera antes o después de la boda, porque lo que importaba era la ceremonia, y si acaso el viaje de novios, con el reconocimiento de la familia, los vecinos y la sociedad entera.

Quien no se casaba solía ser desdichada y señalada como un bicho raro, como una perdedora o algo peor, castigada por Dios o maldecida por el Diablo, con un futuro horrible, sin hijos, vieja prematuramente y seca.

El matrimonio podía durar tres días, una sola noche o toda la vida, pero no importaba, lo que importaba era el día de la boda, y nada más.

A las mujeres se nos ha vendido el matrimonio y la maternidad como algo maravilloso que toda mujer debe desear y experimentar para que sea realmente una mujer de verdad; el matrimonio como una aspiración vital y existencial, primero como una obligación moral, y luego como el sendero más puro de la entrega y el amor.

El matrimonio por enamoramiento es bastante moderno, con una tremenda y abrumadora publicidad sobre el amor, sobre todo el de pareja como finalidad idílica de la existencia, y luego sobre el amor de madre y el amor que los hijos le deben eternamente a esta.

Por gracia o por desgracia, las estadísticas muestran, incluso hoy en día, que los matrimonios arreglados, pactados o por conveniencia, duran más que los que se dan por enamoramiento.

No hay que olvidar que el matrimonio legal es un contrato económico y político que se da entre dos partes, con la balanza inclinada hacia el socio más débil, la mujer, y que puede romperse de mutuo acuerdo o por exigencia de una de las partes.

Un contrato y nada más, a veces visado por una religión para atar más a los cónyuges, pero contrato al fin y al cabo.

El concubinato o las parejas de hecho, que no han firmado contrato legal alguno, no se escapan de las leyes, y a menudo tampoco de las religiones, pues son la forma de unión de pareja más extendida en el mundo, y casi con la mismas obligaciones que los matrimonios reglados.

Las abuelas y madres matriarcas de la antigüedad no se casaban con nadie, pues eran las cabezas de familia, y escogían a los mejores sementales del grupo para tener y ampliar la descendencia que las fortalecía y a la vez dependía de ellas.

En China, las mujeres que no se casan son perseguidas y señaladas socialmente, y sus padres y familiares la esconden y se llenan de vergüenza cuando son descubiertas en plena soltería después de los treinta.

No son pocos los países en los que, para una mujer, el casarse es casi obligatorio, no importa con quién ni contra quién, porque lo importante es colocarlas con un macho y que formen familia con él, en la inteligencia que una boca menos en casa es un buen negocio, incluso si hay que pagar una dote para que se la lleven a medrar y a parir en otro hogar.

También hay ocasiones que el adoptado es el novio, como lo era en la Edad Media en los Pirineos, donde el marido pasa a ser una especie de hijo menor y al servicio del señor de la casa, y con la obligación de preñar a la esposa, pues si no lo logra puede ser repudiado y envidado de nuevo a su casa materna.

Es todos sabido, como aparece en el libro *Kim*, de Rudyard Kipling, que hay pueblos en el Tíbet donde es habitual la poliandria, es decir, que una mujer se case con varios hombres y a veces hasta con un pueblo entero, para conservar y alargar su poder y dominio, o simplemente porque es la costumbre que la mujer sea la que mande, ya que en sus tradiciones un solo hombre no es suficiente para satisfacerla en ningún sentido.

Las tibetanas tienen incluso el privilegio de poder ser infieles, sin que los maridos tengan el derecho a enfadarse.

El matrimonio puede ser una buena base social, pero no es ninguna panacea, sobre todo cuando se realiza esperando un mundo de colores, o un mundo de sumisión y dependencia, por eso es mejor casarse con los pies puestos en tierra y a sabiendas que es un contrato en el que dos antagonistas tienen que ponerse de acuerdo y con una finalidad común bien determinada y pactada, porque si se hace solo de una manera emocional, sin sentido ni objetivos comunes, lo más seguro es que fracase como lo hacen por lo menos el 50% de los matrimonios, o que se convierta en una verdadera tragedia, y no hay frases románticas ni consejos válidos para salvarla, por más que se hagan con buena intención y aparezcan en las redes sociales.

Enamorarse es maravilloso, por supuesto, nadie lo niega, pero basar una unión fructífera y duradera en una emoción hormonal y pasajera, es, sin duda, un mal negocio, casi siempre más malo para la mujer que para el hombre.

El sexo puede ser emocionante y hasta puntualmente satisfactorio, pero tampoco es un lazo seguro de unión, pues las feromonas no siempre buscan esa emoción con la pareja, y generalmente se convierte más en un conflicto que en una argamasa de unión sólida y duradera.

Ni siquiera los hijos son esa argamasa de unión, pues se puede querer mucho a los hijos y aborrecer a la pareja, o amar a la pareja y no soportar a los hijos, por eso hay y siempre ha habido mucha madre soltera, y muy pocos hombres que se queden con las criaturas después de un ruptura sentimental.

No es cuestión de moralidad, obligación familiar, legal o religiosa, sino de estar verdaderamente dispuesta a formar una familia, con respeto, amistad, cariño y lealtad a la pareja, más allá de pasiones y enamoramientos.

Puede sonar terrible, pero es la verdad amigas mías, casarse por "amor" es uno de los peores errores que cometemos en nuestra vida, incluso si falseamos la situación al no firmar un contrato matrimonial y aseguramos que somos muy hippies o muy modernas para vivir en pareja de hecho, pues esa unión si no es familiar y con un objetivo en común, sigue siendo una apuesta de futuro y de estabilidad, que con el tiempo incluso se vuelve tan legal como el matrimonio sancionado por el Estado o por la Iglesia, y no porque te cases con dios o bajo su amparo, sino porque te juegas años y días de tu vida en esa apuesta.

El cine, la poesía y las novelas románticas han hecho mucho daño a las personas, pues les han vendido algo que no existe, y en lo que la gente va a fracasar casi con toda seguridad.

"Si te quieres casar, hazlo con la cabeza, que el corazón siempre te latirá", como señala Emily Brontë en sus *Cumbres borrascosas*.

EL TRABAJO EN LOS SECTORES PÚBLICO Y PRIVADO

El mito de que la mujer no ha trabajado durante miles de años, es eso, un mito, porque hasta las más privilegiadas o perezosas realizan una labor productiva, que puede ir desde la maternidad hasta el cuidado de los hijos y del hogar, o desde la administración, contabilidad y organización de la casa, hasta el ejercicio de las relaciones sociales, los contactos de negocios y la diplomacia, sin pasar por alto en los sectores más pobres a las mujeres que labran, cargan, recolectan y cazan, además de ocuparse de los hijos y del marido.

Lo que sí es algo moderno, es la ocupación laboral como empleadas, funcionarias, obreras, campesinas a cuenta ajena o servidoras del hogar que se encargan prácticamente de todo lo que necesita una familia y una casa, incluida la crianza y cuidado de niños y niñas desde su más tierna infancia.

En España, muchas obreras, camareras, enfermeras y secretarias no podían tener un trabajo asalariado si el marido no les daba permiso, práctica entre legal y tradicional que ha durado hasta casi el final del siglo XX, hace muy pocos años; pero durante el franquismo fue peor, porque además del permiso por escrito del marido, las horas cotizadas a la seguridad social y los beneficios como cabeza de familia, eran del marido y no de ellas, que solo podían acceder a la pensión por sus horas de trabajo, si el marido tenía el buen gusto de morirse y dejarlas viudas, cosa que sucedía a menudo, tanto, que en España llegaron a contarse 500 mil viudas por tan solo 5 mil viudos, y tal parece que las cifras no han cambiado mucho.

Una vez liberadas de esos yugos, las mujeres han tenido que enfrentarse a salarios menores por el mismo trabajo que hace un hombre ganando más que ellas.

La brecha de salarios entre hombres y mujeres ha ido descendiendo, pero aún es común, incluso en los países más desarrollados, que se les pague a ellas menos que a ellos, alegando cosas como los permisos de maternidad o hasta la menstruación, que en ningún caso las hace menos productivas ni menos eficaces y eficientes que ellos.

Trabajar para otro, sea el Estado, una gran firma comercial o cualquier patrón, no es lo más adecuado para ganar un buen sueldo, dice mi abuela, ya que hay dedicaciones mucho más rentables, agradables y duraderas. "Trabajar para otro es venderle el alma al Diablo por migajas, y obtener a cambio una vida de miserias", asegura doña Lois, mi ya casi centenaria abuela.

"¿Quieres ganar dinero? ¡Alquílate, pero no te vendas!" Es fácil decirlo, lo difícil es llevarlo a cabo.

La Primera Gran Guerra provocó la necesidad de más trabajadoras fuera del hogar, y más mano de obra dispuesta a cubrir los puestos de los hombres que se habían alistado en el ejército, efectivamente, pero las mujeres han sido trabajadoras y obreras desde hace más de mil años, e incluso más si tomamos en cuenta el campesinado, la hostelería y el servicio hogareño, por ejemplo, pero con la novedad de que ahora se las necesitaba en las calles y fuera de su hogar, y se les pagaba por ello, liberándolas del encierro casero, pero encerrándolas en las fábricas, lo que fue todo un cambio social que empezó a gestarse a partir de 1750, es decir, de la famosa y contaminante Revolución Industrial.

CAMBIOS SOCIALES

El mundo nunca ha estado quieto, siempre está cambiando tanto para hombres como para mujeres, con transformaciones sociales más o menos lentas, pero también inmediatas que cambian los modelos a los que nos habíamos acostumbrado a lo largo de los siglos, o simplemente a lo largo de nuestra vida.

Hay cosas que permanecen, tradiciones y cultura, tanto si se han forjado ayer o si llevan miles de años existiendo, y otras que se extinguen y desaparezcan sin que nos demos cuenta.

Las modas son volátiles y caprichosas, tanto si se siguen mayoritariamente, como si apenas si hacen ruido.

Esos cambios a veces nos benefician, y otras veces nos perjudican, pero de todas formas se agradece que existan, incluso si solo son migajas de permisividad que nos otorga el poder, o trabajos mal pagados para que nos sintamos libres a pesar de seguir encerradas.

El cambio es tan inevitable como indispensable, y hay que sacar lo mejor de él, aprovechando las oportunidades positivas que nos brinde, en lugar de sumirnos en las trampas que pueda ponernos.

Más libertad, visibilidad social, independencia de trabajo y de pensamiento, libertad de expresión, manifestación y agrupación; mejoras sociales y más equilibradas y justas prestaciones económicas y de salud.

Sí, sobre todo en las sociedades más modernas y avanzadas las mujeres hemos avanzado y mejorado en menos de un siglo, lo que no habíamos avanzado ni mejorado durante milenios.

Durante unos doce mil años cultivamos la tolerancia y la paciencia, y en algunos aspectos esa paciencia y tolerancia está rindiendo sus frutos, que aún son pocos, pero significativos. Tenemos mucha más libertad de acción y movimientos que hace apenas un siglo, pero debemos ser sabias y no permitir que ese aire de libertad se convierta en una nueva prisión de pura inconsciencia.

Que la ansiada libertad no sea una nueva prisión

Beber de más, fumar, drogarse, comer mal, competir deslealmente, venderse por nada, comprar compulsivamente, entrar al mundo del hampa y del crimen, o dedicarse a tareas y trabajos indignos donde el fanatismo y el fraude imperan, también son cambios sociales que han sacado a la mujer de las sombras del hogar para colocarlas a la luz de la sinrazón y la degradación personal interna y externa, sobre todo porque son una torpe emulación de los comportamientos menos positivos de los hombres, y que deben superarse, porque en sociedades de manipulación emocional y adoctrinamiento social, a menudo son inevitables.

CRIMEN Y CASTIGO

Salir a la calle a caminar y dar un paseo, un acto tan simple, para una comunidad como la de las mujeres que lleva apenas cien años haciéndolo, a menudo también es un problema para muchas de ellas, un temor y un desconcierto para no pocas, para otras es una aventura y hasta un juego de vanidad y coqueteo, y para las más jóvenes algo que dan por hecho, como si las mujeres siempre hubieran ido y venido sin la tutela de un hombre, o de un grupo de amigas, madres, primas o tías.

Hasta hace pocos años la gran mayoría de las mujeres ni siquiera conducía un automóvil, y las que lo hacían, como Bertha Benz, o como mi madre, mi abuela y mis hermanas, eran una especie de pioneras, aves raras, catalogadas además como seres desconcertantes y desafiantes al volante, porque además lo hacían perfectamente.

Actualmente, son muchas las mujeres que conducen, las de mayores posibilidades económicas, en sendas camionetas gigantescas y contaminantes, para llevar y traer a los niños de la escuela, o para ir de compras; mientras que las de las clases medias lo hacen incluso para trabajar; y las más pobres en un auto viejo, o en el transporte público, o a pie si no alcanza para más, pero con el sueño de tener un vehículo propio sin que se les deniegue conducirlo por el simple hecho de ser mujeres.

En los años veinte, así como en los setenta y ochenta del pasado siglo XX, las mujeres tuvieron un respiro de libertad, y se sintieron y vieron menos amenazadas que hoy en día en pleno siglo XXI, incluso en los países supuestamente avanzados, como mi Norteamérica, que está avanzada tecnológica y económicamente, pero muy atrasada en cultura, educación y reconocimiento de la libertad de las mujeres, incluso señaladas y hasta oprimidas por otras mujeres que piensan que la mujer debe permanecer casi encerrada en el hogar, porque es lo que Dios manda y lo tradicional.

El aborto sigue siendo un cruel tema de debate, tratado como un crimen o como el peor de los pecados, cuando a las únicas que tendría que ocupar, preocupar y decidir sobre el asunto es a las mujeres que quedan embarazadas, a nadie más.

Dicen que el mundo de hoy está dividido social e ideológicamente, aunque yo no recuerdo que durante mis casi setenta años de vida hubiera estado unido de alguna manera. Divide y vencerás, y a lo largo y ancho de la historia el mundo ha estado divido social e ideológicamente, con denominadores comunes inevitables, pero dividido desde las entrañas hasta el alma en clases, sectores económicos, intereses políticos, luchas por el poder, género, religión y cientos de asuntos más.

Este es el mundo en el que nos encontramos en la vida cotidiana las mujeres, con sus luces y sus sombras, sus avances y sus retrocesos, por lo que no debemos bajar la guardia, sino seguir luchando y cambiando positivamente, con el poder femenino de nuestro lado.

Ser o nacer mujer no es un crimen ni un castigo, aunque a veces lo parezca o así nos lo quieran hacer creer, sino un privilegio casi divino que no cualquiera puede tener.

VIII
EL PODER FEMENINO
EN EL SEXO

El sexo,
siendo tan natural,
también puede ser un arma,
un consuelo
o un veneno.

DIÓTIMA

Según la sabia y hermosa Diótima de Mantinea, la amiga de Sócrates, "las mujeres tenemos la sensibilidad sexual hasta en el bolso, más allá de nuestros propios cuerpos, por lo que podemos tener amor o sexo de lo más satisfactorio aunque no se nos toque ni la punta de un dedo o el hilo de un cabello", dejando perplejo al viejo filósofo que de amor sabía poco, y mucho menos de sexo.

Somos sensuales y sexuales por naturaleza biológica y hormonal, así como en el alma, el corazón y hasta el cerebro, y no hace falta que estemos pensando en el sexo continuamente, aunque a menudo lo hacemos, sino que nos nace desde muy dentro como una corriente eléctrica o magnética, y lo sentimos constantemente aunque no queramos, y aunque lo escondamos y finjamos ser más heladas que el más helado de los hielos.

Nos enamoramos frecuentemente, pero casi nunca hallamos respuesta a nuestras emociones, a nuestros sentimientos, los hombres no son tan fáciles como se cuenta, y a nosotras nos ha sido vedado durante mucho tiempo cualquier placer, nos hacían sentir culpables de tener sueños, ilusiones, deseos sexuales, y por nada del mundo se nos permitía tomar la iniciativa en el sexo o en los amores, porque entonces pasábamos directamente a ser unas perdidas, unas rameras, unas prostitutas del todo sucias e impías.

La sabia y hermosa Diótima

La sociedad, la familia, los vecinos, las amistades más o menos cercanas, crucificaban a cualquier mujer que ejerciera su libertad sexual; lo curioso es que las verdaderas prostitutas que alquilaban su cuerpo también se reían de nosotras, porque al final y aunque nos casáramos éramos como ellas, economizadoras del sexo con el que manipulábamos a nuestros consortes, novios, empleados, familiares, jefes o hasta desconocidos.

"Los hombres pagan por sexo porque son estúpidos", leí en la Tesis Doctoral del don Javier Tapia, en una entrevista que le hizo a una prostituta voluntaria, "y yo me dedico a esto, porque tengo sexo con quién quiero, solo acepto clientes que me gustan, y en mi habitación y en mi cama, mando yo, nunca ellos."

Personalmente, no puedo opinar mucho al respecto, porque mi vida sexual, como la de muchas de las mujeres de mi generación, es más bien discreta y básicamente matrimonial.

Hay cosas que jamás haría ni probaría ni experimentaría con respecto al sexo, pues la verdad y sin que me lo haya prohibido nadie, me dan asco, aunque no repruebo que lo hagan las demás, porque cada mujer experimenta y vive su sexualidad como puede y a veces como quiere.

Sé que muchos se deben a las manipulaciones y adoctrinamientos que vivimos desde la infancia, donde nos hacen creer, sobre todo a las mujeres, que el sexo es algo malo, muy malo, más que la sexualidad misma y sus experiencias, y también sé que la moral al respecto cambia en las diferentes culturas y se transforma a través de los tiempos, aunque en las grandes religiones se mantiene el tabú y se reprime todo lo que se puede a las mujeres, quizá porque, si dejamos de tener relaciones sexuales, no nos pasa nada fisiológicamente, o tal vez porque somos más sexuales, sensuales y resistentes que los hombres, o por ambas cosas, no lo sé.

Cuando Cleopatra se juntó con Julio César y tuvo a Cesarión como fruto de ese amor, él estaba casado con la casta Octavia, y ella con su hermano Ptolomeo, pero sus relaciones sexuales y amorosas no fueron ningún problema hasta que Marco Antonio se puso por en medio, y el furor enamorado de ambos los llevó a descuidar su reino, a ella, y sus tropas, a él, con la consabida derrota para él, y la muerte para ella.

Cleopatra Ptolomeo

Cleopatra era astrónoma, políglota, química, especialista en belleza, política y estadista, sabia y polifacética, además de libre y soberana con su sexualidad, por lo que se le sigue criticando negativamente hoy en día, insistiendo en que el sexo es malo, y que, por lo tanto, Cleopatra era una pervertida merecedora de todos los castigos humanos y divinos habidos y por haber.

Tenemos derecho a la castidad, como decía Engels, pero no tenemos derecho a ejercer nuestra sexualidad como nos venga en gana, ni siquiera en la pornografía, tanto si es para hombres, para mujeres, para lesbianas o para homosexuales, porque lo que se expresa en ella no es libertad, sino un negocio de masturbaciones, que nadie en su sano juicio debería pagar por ver, porque si algo tenemos gratis y al alcance de la mano y de la imaginación, es nuestra propia sexualidad.

Sin embargo, el sexo es moneda de cambio desde hace miles de años, y no va a ser nada fácil cambiarlo, ya que muchas mujeres, miles de millones, viven de eso, de economizar y jugar con su sexualidad como reclamo, venta, regalo o premio, incluso si son independientes económicamente, casadas, solteras, rameras, monjas o lo que sea, desde su más tierna juventud aunque esté prohibido y perseguido de forma legal y punitiva, hasta la senectud, sin importar su posición social, su capacidad económica ni su apariencia.

Como dice Lois, mi abuela: "Hasta las lesbianas más feas o más guapas, pagan por ese tipo de compañía, o la venden a quién se deja, porque el sexo es un comercio aunque no haya de por medio monedas."

TODAS SOMOS IGUALES, PERO TAMBIÉN DIFERENTES

Las relaciones sexuales son una simple expresión fisiológica de nuestra naturaleza biológica, pero a partir de ahí cada mujer las lleva a cabo de diferente manera:

-Las apasionadas y decididas que no conciben el amor sin sexo, aunque sí el sexo sin amor, y que no dudan en tomar la iniciativa.

213

-Las que no se entregan nunca del todo a nadie, que administran su sexualidad y que casi nunca pierden la compostura, y que buscan seguridad ante todo, sin importarles lo que sientan o piensen los demás.

-Las alegres, alocadas y siempre jóvenes que no dudan en experimentar y en probar lo que el destino les ofrezca, incluso el matrimonio y la maternidad, pero a sabiendas de que nada es para siempre.

-Las maternales que adoptan a sus parejas y desean ser el prototipo de madre amantísima que sale en las novelas, gozosas en sufrir toda clase de sentimientos y emociones, pues eso las hace sentir vivas.

-Las vanidosas y casi siempre verdaderamente hermosas físicamente, de fuerte temperamento y exigentes, aunque algunas veces nobles y con el corazón de oro, que aman y practican el sexo con cierto interés, económico o pasional, pero que les dé algún rédito siempre.

-Las tradicionales mujeres de su hogar y de una sola pareja, trabajadoras y hospitalarias, sensibles, románticas y poéticas, cuyos deslices y fantasías sexuales permanecen casi siempre en la intimidad, y con un amor imposible al que nunca pueden acceder.

-Las hermosas y frías, a veces demasiado bellas o imponentes que alejan a las posibles parejas en lugar de atraerlas, por lo que no dudan en adquirir cualquier saldo, pues odian carecer de pareja. Para ellas el sexo es una práctica, no un fin ni un deseo confesable o inconfesable. Rápido y fácil.

-Las secretas, un volcán por dentro que casi nunca se adivina por fuera, muy sexuales y fantasiosas, pero apostadoras a la familia y a la pareja estable y duradera. Parecen serias y duras, pero son muy sensibles realmente.

-Las religiosas, a veces hasta fanáticas, brujas, videntes, magas, o científicas o dedicadas a las leyes y las grandes empresas, no entienden cómo alguien puede rechazarlas o no desearlas, por eso cantan sus triunfos sexuales a los cuatro vientos, aunque después recen pidiendo perdón por sus pecados.

-Las constantes y a menudo contra corriente, con un sexo equivocado o que parece no pertenecerles por biología o por rol identitario, por lo que a veces van con un género y otras con el género contrario, dependiendo de la etapa, la edad o el momento, tendientes tanto a la total sequedad, como a la promiscuidad y el incesto.

-Las revolucionarias que quieren cambiarlo todo y tienen una sexualidad algo maniática y excéntrica, divertida o terrible, e incluso a veces apática y hostil, y hasta con cierta violencia.

-Las bailarinas, con una sexualidad y una sensualidad que les recorre de los pies a la cabeza, lo que a veces las hace promiscuas con quién sea, hombre, andrógino o mujer, incestuosas, alocadas, celosas, vengativas, porque todo les atrae y las excita, y les impide ser fieles, en el sentido clásico de la palabra, a la vez que posesivas, inseguras y acaparadoras que no aceptan un no como respuesta.

Algunas son fieles a un solo prototipo de sexualidad femenina, pero otras experimentan todos los prototipos señalados anteriormente a lo largo de su vida, dependiendo tanto del entorno como de su edad mental o biológica, con o sin pareja definida, y con o sin hijos o familias que las obliguen a esconder su sexualidad y sus verdaderas apetencias.

El denominador común, además del sexo biológico de nacimiento, es que casi ninguna de ellas acepta el rechazo expreso y directo, sobre todo cuando creen que están de verdad enamoradas y se han hecho muchas ilusiones con el objeto de su deseo, lo que produce no pocos dramas y, una que otra vez, verdaderas tragedias.

Hay quien señala las relaciones sexuales, además de ser un sistema de reproducción más o menos eficiente, como un intercambio entre las partes, un comercio eterno desde el principio de los tiempos donde las hembras son pasivas y receptivas, pero las que tienen la mercancía, y los machos son agresivos que toman por las buenas o por las malas dicha mercancía, y que a veces aseguran el consumo manteniendo, protegiendo y alimentando como pareja habitual a la proveedora de este servicio: la hembra, como sucede en otras especies animales de la naturaleza, tanto, que la violación no fue un delito hasta épocas muy recientes, sino una forma más de relación y hasta de matrimonio o emparejamiento, sin que nadie se llevara las manos a la cabeza.

Sinceramente, y a costa de equivocarme, como

me sucede con tantas otras cosas, espero de corazón que el poder femenino llegue a superar algún
día ese intercambio fraudulento de sexo o amor por
dinero o aparente seguridad, y que nadie tenga que
pagar ni ser defraudado por gozar corporalmente
de ciertas compañías.

¡Seguro que podemos!

Conclusión:
De lo privado a lo público

A veces, en el misterioso
encierro de las sombras,
hay más vida
que en los rayos del Sol.
CANTO DE LAS HETAIRAS

Durante siglos, quizá milenios y en muchas culturas, incluida la occidental, no se puede hablar de la diferencia entre el espacio público, normalmente atribuido a los hombres, y el espacio privado, terreno y dominio de las mujeres, simplemente porque no había un espacio público para casi nadie, pues los miembros de las comunidades tenían su espacio particular y el espacio social en el que participaban todos, distinguiendo claramente entre hombres, mujeres, infantes y gente mayor, pero sin dejar fuera a nadie, y no por bondad igualitaria, sino porque no había más espacio que el espacio común, todos se conocían y la intimidad y lo público prácticamente no existían.

Este fenómeno sigue sucediendo en poblaciones con pocos integrantes, donde toda la vida privada es pública, y toda la vida pública concierne a todos.

La densidad demográfica juega aquí un papel importante, porque a partir de cierto número de habitantes (los antropólogos dicen que 150 personas), las cosas cambian al no haber capacidad de estar al pendiente de todos. Incluso así, las poblaciones rurales de más de 150 personas mantienen un sentido comunitario donde lo público y lo privado se mezclan habitualmente, dejando muy poco espacio para la intimidad, incluso con lo que respecta a las funciones fisiológicas de sus habitantes.

Durante miles de años no hubo fama, publicidad ni más referentes particulares y comunes que los míticos o los heroicos, con algunos lares o divinidades de la naturaleza y de las cosas, pero sin una división de géneros en lo social más allá de la menstruación y la maternidad.

¿Quién fue la primera mujer famosa de la historia: Lilith, Diótima, Hipatia de Alejandría, la sabia y multilingüe Cleopatra?

¿Cuál de ellas dominó ese espacio público tan preciado por los hombres sin tener que haber pagado con su vida por tal atrevimiento?

En la antigüedad, y antes de las civilizaciones, no había papeles determinados entre hombres y mujeres, todos cazaban, peleaban, cocinaban, limpiaban, enterraban a sus muertos para evitar malos olores y presencia de depredadores, recolectaban y cargaban con los viejos y los infantes si era necesario.

La maternidad dio un lugar especial a la mujer en el orden jerárquico durante mucho tiempo, pero no de la manera en que lo conocemos actualmente con orden, mando, represión y sumisión, sino como un hecho natural porque la mujer era madre y abuela, y de ella dependía el futuro y la supervivencia del grupo gracias a su capacidad de parir.

La mujer era la reina sin avasallar a nadie, con una o con varias parejas, pero madre y abuela de todos sus descendientes, los cuales, si salían sanos y en número suficiente, formaban una familia amplia e incluso toda una tribu apta para vivir y comer muy bien, generación tras generación.

Las buenas paridoras tenían más influencia que las menos paridoras, pero no se despreciaba ni separaba a las que no podían tener hijos, sino que se convertían en tías, a decir de Ruth Benedict, como miembros válidos de la sociedad.

Todos los padres y abuelos eran tíos de los descendientes, y no había un padre único de nadie, todos eran parientes e hijos de todos, solo las madres de amplia y prolífica descendencia eran especiales.

Por supuesto, había matrimonios comunales, donde todos se casaban con todos, y uniones más cercanas a la monogamia, pero sin exclusividad permanente, sobre todo en el caso de las mujeres más sanas y fértiles, que se casaban prácticamente con todos los hombres del grupo.

El fenómeno del matriarcado fue amplio y duradero, como señala Robert Graves, hasta que se iniciaron las primeras tendencias patriarcales, en lo que podríamos llamar un masculinismo prístino, iniciando una revolución y una lucha parecida a la de los feminismos actuales.

La civilización y el sedentarismo, junto con la acumulación de bienes y la necesidad, cierta o falsa, de defenderse de otros grupos humanos o de depredadores reales o míticos y fantásticos, ayudaron a la formación de los primeros patriarcados, que fueron tomando forma jerárquica impositiva, por lo que se puede decir que, junto con la agricultura y la acumulación excedente de granos la humanidad descubrió el poder, se hizo adicta a él, y se inició el patriarcado, con la justificación de los dioses y de algunos ejemplas de la naturaleza donde el macho domina al grupo y, sobre todo, a las hembras.

Así empezó hace algunos milenios la distinción entre lo público para los hombres, y lo privado para las mujeres.

No todo fue de un solo golpe, los procesos sociales son lentos y a largo plazo, y muchos matriarcados sobrevivieron entonces y algunos de ellos sobreviven en nuestros días, como en el Tíbet y en Mogul, China, por citar algunos ejemplos.

También hubo y hay matriarcados particulares, donde la mujer manda y ordena dentro de la casa, pero con gran influencia sobre el comportamiento público de sus parejas y de sus hijos varones. Muchas emperatrices romanas mandaron sobre el Imperio aunque sus maridos, los césares, daban la cara, y a menudo ellos se llevaban la fama, pero también el castigo, y hasta la muerte, por haber hecho caso a su esposa.

Desde el espacio privado y sin necesidad de pasar esfuerzos, guerras o calamidades, las mujeres han logrado ostentar el poder y llevar el mando, mientras los hombres se cuelgan las medallas o son ejecutados.

Ahora, las mujeres vamos ocupando, poco a poco, pero con firmeza, lugares en el espacio público, demostrando nuestra valía y cometiendo también errores, pues no somos perfectas y apenas estamos en camino, con una desventaja con respecto a lo masculino de casi doce mil años, pero no importa, porque dentro de poco tiempo seguro que vamos a lograr un mundo más sano, mejor e igualitario, con el poder femenino en nuestras almas y en nuestras manos, y las sabias mujeres que lo ejercen y lo ejercerán en los próximos días, años y siglos.

Nunca olvides que tú eres una de ellas.

BIBLIOGRAFÍA

Beauvoir, Simone, *El segundo sexo*, Debolsillo, Madrid, 2012.

Graves, Robert, *Los mitos griegos*, Editorial Ariel, Barcelona, 2012.

Lastarria, José Victorino, *El alférez Alonso Díaz de Guzmán*, Imprenta Chilena, Santiago de Chile, 1848.

Lavín, Mónica, *Yo, la peor*, Editorial Booket, México, 2023.

Quincey, Thomas, *La monja alférez*, Barral, Barcelona, 1972.

Tapia Rodríguez, Javier, *Lo que queda en el armario: las condiciones de la prostitución femenina voluntaria*, Tesis Doctoral, Universidad de Barcelona, 2012.
        , *El gran libro de las mitologías*, Plutón Ediciones, Barcelona, 2023.

Tate, Jessica, *Descubre la diosa que hay en ti*, Plutón Ediciones, Barcelona, 2023.

Índice